KURT SCHERER

Von Jesus Seelsorge lernen

Beispiele anhand des Johannes-Evangeliums

W0173910

Kurt Scherer, Jahrgang 1938, verheiratet, drei erwachsene Söhne, Pastor i. R. der Evangelisch-methodistischen Kirche, war zehn Jahre im Gemeindedienst tätig.

Danach nahm er eine Berufung des Evangeliums-Rundfunks International e.V., Wetzlar, an, wo er zunächst als Chefredakteur und dann als stellvertretender Direktor mit den Bereichen Seelsorge und Fernsehen tätig war.

Er ist Autor von über 2250 Rundfunkansprachen, seelorgerlichen Büchern und Publikationen, Leiter von Seminaren für Konfliktbewältigung und biblische Lebensgestaltung sowie Mitbegründer des »Deutschen Arbeitskreises für Biblische Seelsorge e.V.«, Beiratsmitglied in der »Deutschen Gesellschaft für Biblisch-Therapeutische Seelsorge« und Mitbegründer des »Glaubenshof Cyriaxweimar e.V.«, Marburg, einer sozialtherapeutischen Lebensgemeinschaft.

hänssler-Taschenbuch
Bestell-Nr. 393.263
ISBN 3-7751-3263-5

© Copyright 1999 by Hänssler Verlag, D-71087 Holzgerlingen
Titelbild: Mauritius, Stuttgart
Umschlaggestaltung: Martina Stadler
Satz: AbSatz, Klein Nordende
Druck und Bindung: Ebner Ulm
Printed in Germany

INHALT

VORBEMERKUNGEN

Die folgenden Texte wurden für die Sendereihe »In der Seelsorge Jesu« im Evangeliums-Rundfunk International (ERF-Int.) erarbeitet.

Sie wurden im Abendprogramm (21.30 Uhr) über Radio Monte Carlo, 1467 kHz und über Astra 11,038 GHz v (7,38 MHz) Mono ausgestrahlt.

Nun liegt auf Wunsch der Hörer eine Auswahl von ihnen als Buch gedruckt vor.

Ich wünsche ein gutes Nachdenken mit vielen »Aha-Erlebnissen«!

Kurt Scherer

ANSTELLE EINES VORWORTS

Ansehen — lieben — sprechen

Wir werden uns im Wesentlichen mit Texten aus dem Johannes-Evangelium beschäftigen, die von seelsorgerlichen Begegnungen Jesu mit Menschen aus seinem engeren und weiteren Lebensbereich berichten. Dabei geht es darum, dass wir erkennen, dass Jesus keine »Methode« hat, sondern seine Seelsorge sich durch eine Methodenvielfalt auszeichnet, die sich am Problem des Menschen orientiert, ohne davon abhängig zu sein.

Das zeigt z. B. ein Text aus dem Markus- Evangelium, der uns in die Prinzipien der Seelsorge Jesu einführt. Markus 10, Verse 17-27:

»Und als Jesus sich auf den Weg machte, lief einer herbei, kniete vor ihm nieder und fragte ihn: Guter Meister, was soll ich tun, damit ich das ewige Leben ererbe? Aber Jesus sprach zu ihm: Was nennst du mich gut? Niemand ist gut als Gott allein. Du kennst die Gebote: »Du sollst nicht töten; du sollst nicht ehebrechen; du sollst nicht stehlen; du sollst nicht falsch Zeugnis reden; du sollst niemanden berauben; ehre Vater und Mutter.« Er aber sprach zu ihm: Meister, das habe ich alles gehalten von meiner Jugend auf. *Und Jesus sah ihn an und gewann ihn lieb und sprach zu ihm:* Eines fehlt dir. Geh hin, verkaufe alles, was du hast, und gib's den Armen, so wirst du einen Schatz im Himmel haben, und komm und folge mir nach! Er aber wurde unmutig über das Wort und ging traurig davon, denn er hatte viele Güter. Und Jesus sah sich um und sprach zu seinen Jüngern: Wie schwer werden die Reichen in das Reich

Gottes kommen. Die Jünger aber entsetzten sich über seine Worte. Aber Jesus antwortete wiederum und sprach zu ihnen: Liebe Kinder, wie schwer ist's, ins Reich Gottes zu kommen! Es ist leichter, dass ein Kamel durch ein Nadelöhr gehe, als dass ein Reicher ins Reich Gottes komme. Sie entsetzten sich aber noch viel mehr und sprachen untereinander: Wer kann dann selig werden? Jesus aber sah sie an und sprach: Bei den Menschen ist's unmöglich, aber nicht bei Gott; denn alle Dinge sind möglich bei Gott.«

Mag sein, dass es nur wenige Menschen gibt, die diesen Text so richtig mögen, weil diese Aufforderung am Ende so hart klingt: »Verkaufe alles, was du hast!«

Hilfreich ist, um den Verlauf dieses Gespräches Jesu mit dem reichen jungen Mann richtig zu verstehen, den ganzen Text im Ohr und Auge zu haben, damit wir nicht an dieser Forderung hängen bleiben; denn irgendwie trifft sie ja jeden am Nerv.

Es gibt Menschen, auch Nachfolger Jesu, die hören aus solchen Texten immer nur den Anspruch Jesu, die Forderung, und möchten ihr gerecht werden – und das möglichst perfekt. Solche Nachfolge ist dann mehr von Krampf als von Kampf geprägt, mühselig und beladen. Man sucht mit Mühe, selig zu werden. Dabei übersieht man völlig, was Jesus zuvor gesagt hat. Vor Jesu Anspruch steht immer erst sein Zuspruch. Solches Fehlverhalten hängt mit dem Bild zusammen, das Menschen sich von Gott und von Jesus machen. Gehen wir an den Anfang unseres Textes zurück:

»Als Jesus sich auf den Weg machte, lief einer herbei, kniete vor ihm nieder und fragte ihn: Guter Meister, was soll ich tun, damit ich das ewige Leben ererbe?«

1. Leitsatz
Von Jesus Seelsorge lernen heißt:
Seelsorge beginnt oft damit, dass einer kommt und fragt!

Ein paar Beispiele aus den Evangelien verdeutlichen und unterstreichen dies:

Nikodemus kommt bei Nacht zu Jesus und fragt ihn (Joh 3); die Jünger fragen Jesus (Joh 9, 2; Mk 4, 10); die Pharisäer und Schriftgelehrten fragen Jesus (Mt 12, 10). Das griechische Wort für »fragen« kann auch »bitten« bedeuten. Jesus lässt sich fragen, er lässt sich bitten. Es geht darum, in den Fragen und Einwänden, auch in den Zweifeln und Anklagen, in dem Jammern die Bitte heraushören: Habe Zeit für mich! Schenk mir dein Ohr, in das ich jammern kann! Hör mir zu! Hab Geduld mit mir! Hilf mir! Versteh mich! Lieb mich! Nimm mich an! Weißt du einen Weg für mich, eine Antwort, die weiterführt? Lauter Signale, welche die Bitte beinhalten: Wende dich mir zu! Ich brauche deine Zuwendung!

Ich weiß: Fragen können lästig sein – vor allem, wenn man keine Antwort weiß – und noch bedrängender werden, wenn man das nicht zugeben kann und will. Wie reagiert Jesus? Er antwortet: »Was nennst du mich gut? Niemand ist gut als Gott allein.«

Ob wir verstehen, was er damit sagen will? Begreifen wir es? Er will uns deutlich machen: Keiner ist gut, auch kein seelsorgerlicher Mensch, und wenn er vielen, vielen mit seiner seelsorgerlichen Beratung und Begleitung geholfen hat.

Dies dürfen wir aber nun nicht missverstehen und meinen, Jesus habe gesagt: »Du sollst dich für schlecht halten.«

Nein, Jesus sagt: »Keiner ist gut; keiner kann es sein und muss es sein.« Konkret: Wir müssen nicht alle Fragen und Bitten beantworten können. Wir sind nicht die Berater Gottes. Wir wissen nicht, warum der eine jung an Krebs stirbt und der andere gesund alt wird. Wir wissen nicht, warum das eine Kind Karriere macht und das andere noch nicht einmal einen Arbeitsplatz findet. Wir wissen nicht, warum es uns relativ gut geht und andere in anderen Ländern nicht wissen, womit sie sich heute ernähren sollen.

Es gibt falsche Erwartungen an die Seelsorger, vor denen sie sich schützen und die sie auch abweisen sollen. Zum Beispiel, wenn jemand schreibt oder anruft und meint: »Jetzt wende ich mich an Sie, nachdem ich es schon überall vergeblich versucht habe, Hilfe zu bekommen. Sie sind meine letzte Hoffnung!« Da gilt es deutlich zu machen, dass die »letzte Hoffnung« immer nur Jesus selbst, *der Seelsorger*, sein kann. Nicht wir sind die Guten. Wir kennen den Guten, und an ihn verweisen wir. Er kann und will helfen! Nur so bleiben wir selbst gebrauchsfähig, abhängig von *dem Seelsorger*.

2. Leitsatz
Von Jesus Seelsorge lernen heißt:
**Wir müssen nicht alles selbst wissen
und können!**

Nachdem Jesus eine falsche Erwartung zurückgewiesen hat, verweist er auf Gottes Wort. – Gehen wir im Text weiter:

»Du kennst die Gebote: Du sollst nicht töten; du sollst nicht ehebrechen; du sollst nicht stehlen; du sollst nicht falsch Zeugnis reden; du sollst niemanden berauben; ehre Vater und Mutter.«

Wenn uns jemand fragt: »Was soll ich tun, damit ich das ewige Leben ererbe?«, dann ist es beim seelsorgerlichen Gespräch ganz wesentlich, deutlich zu machen, dass da nicht steht: Was muss ich leisten, um das ewige Leben zu verdienen? – Da steht: ererben!

Glaubensgewissheit ist ein Geschenk, das ich dankbar annehme. Nicht ob mein Glaube groß genug ist, ob ich genug tue, mich radikal genug entschieden habe, täglich genug in der Bibel lese, alle Gemeindeveranstaltungen besuche – das gehört gewiss alles zur Nachfolge Jesu und ist auch in Ordnung –, ist die entscheidende Frage; dieses ständige Sich-den-Puls-Fühlen macht nur ungewiss und unsicher, freudlos und ängstlich. Das könnte auch der Grund sein, warum z. B. Menschen bei Evangelisationen immer wieder »nach vorne« gehen, um sich zu entscheiden. Sie werden von der Angst getrieben, das letzte Mal sei ihre Entscheidung nicht gründlich genug gewesen. Welch verkehrtes Denken, als würde ihre Errettung von ihnen abhängen. Sie bauen fälschlicherweise auf ihr Tun statt auf Jesu Tat, statt auf sein Wort: »Es ist vollbracht!« (Joh 19, 30).

Die Freude der Gewissheit, erlöst zu sein für Zeit und Ewigkeit, diese Heilsgewissheit, ewiges Leben zu haben, liegt gerade nicht darin begründet, dass es an unserem Wollen und Laufen liegt (Röm 9, 16), sondern dass alles an Gott liegt, wenn es um mein Heil geht. Wie lässt das aufatmen, wenn wir unser Denken und Fühlen davon bestimmen lassen. Doch dazu bedarf es einer bewusst willentlichen Entscheidung.

Vielleicht will uns aber etwas ganz anderes den Atem nehmen, nämlich wenn wir hören, was dieser reiche Mann

13

auf Jesu Hinweis auf die Gebote antwortet: Er aber sprach: »Das habe ich alles gehalten von meiner Jugend auf!«

Ehrlich! Eine solch vollmundige Antwort passt uns nicht. Wie reagieren wir? Was kommt da an Gefühlen und Gedanken in uns hoch? Meinen wir nicht sehr schnell: »Der ist aber hochmütig, überheblich, eingebildet?«

Ja, wie hätten wir reagiert? Gekontert, ihn zurechtgewiesen? Ihm eifrig widersprochen – natürlich mit Bibelsprüchen? Ihn geistlich fertig gemacht? Es gibt da die verschiedensten Variationen, jemanden seine Überlegenheit – oder ist es auch Überheblichkeit, geistliche sogar?! – deutlich spüren zu lassen. Hätten wir vielleicht Paulus zitiert: »Da ist keiner, der gerecht ist, auch nicht einer« (Röm 3, 10)?

Stehen wir nicht in Gefahr, uns so zu verhalten, auch unter uns als Nachfolgern Jesu, ja sogar uns selbst gegenüber: Nur schlecht machen, fertig machen, unterstapeln, falsche Demut: »Du bist nichts, kannst nichts, wirst nichts ...« und wie diese destruktive Geisteshaltung noch formuliert wird.

Ganz anders Jesus: »Jesus sah ihn an und gewann ihn lieb und sprach ...«

3. Leitsatz
Von Jesus Seelsorge lernen heißt:
Unser Gesprächspartner hat Ansehen bei uns!

»Jesus sah ihn an ...« »Ansehen!« ist unser erstes Stichwort. Bei Jesu Seelsorge geht es immer um den einzelnen Menschen, wogegen seine Verkündigung sich an die Vielen richtet. Seelsorge ist speziell und individuell, hat den Einzelnen im Blick. An vielen Stellen in den Evangelien wird uns dies gesagt. Wenn wir bewusst darauf achten, fällt es uns viel mehr ins Auge. Ein paar Beispiele:

»Als Jesus am Galiläischen Meer entlang ging, sah er Simon ...« (Mk 1, 16).

»Als Jesus ihren Glauben sah ...« (Mk 2, 5).

»Da Jesus den Gedanken ihres Herzens erkannte ...« (Lk 9, 47).

»Bevor Philippus dich rief, ... sah ich dich ...« (Joh 1, 48).

»Da Jesus ihn liegen sah ...« (Joh 5, 6).

»Hinsehen«, das meint Einsicht, Durchblick gewinnen, wahrnehmen, Zusammenhänge erkennen, von den Symptomen zu den Ursachen kommen, dahinterschauen, sich einfühlen, verstehen lernen, ehrlich sein, fragen ...

Fragen, die man sich zuerst selbst stellt, helfen, liebend im Gespräch vorzugehen:

* Wie wäre mir jetzt zumute?
* Welche Ängste würden mich gefangen nehmen?
* Welche Sorgen würden mich umtreiben?
* Welche Gefühle würden mich bestimmen?
* Was würde mir gut tun?
* Was wünschte ich mir?
* Wie hätte ich gerne, dass man mir jetzt begegnete?
* und das ohne Ansehen der Person (Mt 22, 16; Lk 20, 21; Joh 7, 24; Röm 2, 11; 2. Kor 10, 7; Eph 6, 9; 1. Petr 1, 17).

Wir können nur wirklich helfen, wenn jemand »Ansehen« bei uns hat »ohne Ansehen der Person«; wenn wir ihn lieb gewinnen, lieb haben. Das ist unser zweites Stichwort: *lieb gewinnen!* Das ist kein gnadenloses Ansehen. Das ist kein wehtuendes Übersehen, kein Fix- und Fertigmachen. Das ist nicht Liebe ohne Wahrheit; es ist aber auch kein Die-Augen-Verschließen, wenn es darum geht, Dinge beim Namen zu nennen, die vor Gott nicht recht sind. Nein, das ist liebevolle Zurechtweisung, auf den rechten Weg bringen, echtes Zurechthelfen; für jemanden Hoffnung haben und behalten, ermutigen, zusprechen; sehen, was werden kann; wider den Augenschein vertrauen, dass Gottes Liebe ihm uneingeschränkt gilt.

Hier ist Gottes Liebe gefragt, eine Liebe, die uns nicht von Natur aus bestimmt. Wir lieben niemals zuerst (1. Joh 4, 19). Aber Jesus tut es. Er fragt nicht: »Was habe ich davon, wenn ich liebe?« Seine Liebe ist von uneingeschränkter Zuwendung geprägt. Paulus beschreibt diese Liebe im 1. Korintherbrief, Kapitel 13. Lieben ohne Hintergedanken, ohne die Frage: Was bringt's mir? Auch ohne Ausschau nach »geistlichem Profit«, einfach zuerst, ganz, vorbehaltlos, ohne endgültiges Vorurteil, bedingungslos, unvoreingenommen, ohne Antipathie, offen … lieben! Das ist das neue Gebot, das Jesus seinen Jüngern gibt: »Ein neues Gebot gebe ich euch, dass ihr euch untereinander liebt, wie ich euch geliebt habe, auf dass ihr einander lieb habt. Daran wird jedermann erkennen, dass ihr meine Jünger seid, so ihr Liebe untereinander habt« (Joh 13, 34.35).

4. Leitsatz
Von Jesus Seelsorge lernen heißt:
Unser Gegenüber zuerst lieb gewinnen!

Nachdem Jesus den reichen Mann *angesehen und lieb gewonnen* hat, dann erst *sprach er zu ihm*. Das ist die richtige Reihenfolge: *Ansehen – lieb gewinnen – sprechen!* Wie oft läuft's bei uns in der Seelsorge und auch sonst, wenn wir zu Jesus einladen, anders. Man meint, die vielen Worte, manchmal auch das Wissen allein – Wissen grundsätzlich ist schon gut und hilfreich – würden es machen. Und dann redet man, bevor man recht überlegt hat, was man überhaupt sagen will, soll und kann. Doch nicht die Worte, und mögen sie inhaltlich noch so richtig sein, helfen einem Menschen. Es ist vielmehr so: Die Wahrheit, die ohne Liebe gesagt wird, ist ein liebloser Scharfrichter. Liebe aber will zurechtbringen!

Was Jesus zum Ausdruck bringt, betrifft ganz speziell diesen Menschen. Der Hinweis auf die Zehn Gebote war allgemein. Nun geht es um das Problem dieses Einen, der ihm gegenübersteht. Da muss man erst genau hinsehen und lieb gewinnen, bevor man spricht.

Prägen wir uns daher diese drei Worte gut ein. Von Jesus Seelsorge lernen heißt: *Ansehen – lieb gewinnen – und dann erst sprechen!*

Jesus sah ihn an und gewann ihn lieb und sprach zu ihm: »Eins fehlt dir! Geh hin und verkaufe alles, was du hast, und gib's den Armen, so wirst du einen Schatz im Himmel haben, und komm und folge mir nach!«

Was ist da alles vorausgegangen, bevor Jesus dieses gravierende Wort spricht: »Verkaufe alles!« Welche Zuwendung, welcher Zuspruch – bevor sein Anspruch nun kommt. Der Indikativ, das, was Gott alles für uns getan hat, kommt immer vor dem Imperativ, vor dem, was Gott von uns will. Er liebt zuerst! Und erst dann fordert er auf – wenn man zu ihm gehören will als sein Jünger, als sein Schüler –, so lieben zu lernen, wie er liebt, also zuerst. Liebe wird hier konkret. Sie äußert sich in der Lebensgestaltung, im Verhalten, im Teilen, im Abgeben, im Loslassen.

Bei uns, weil wir viel weniger als Jesus Einblick und Durchblick haben und lieb gewinnen und lieb haben, muss noch viel mehr vorausgehen an Gesprächen, Hineinfühlen, Verstehenlernen, Klären von Zusammenhängen, bevor wir halbwegs klar sehen und dann reden. Der Rat des Apostel Jakobus ist hier sehr hilfreich: »Sei schnell zum Hören und langsam zum Reden« (Jak 1, 19).

Für den Mann in unserer Geschichte ist der Reichtum das Problem. Offensichtlich hängt sein Herz daran. Und manches geht eben nicht zusammen: Unser Herz kann nicht am Geld hängen und gleichzeitig ganz Gott gehören – das geht nicht. Es gibt nur ein Hin- und Hergelaufe, aber keine Nachfolge. Da ist der Mensch zwiespältig. Daher ist auch keine ganze Freude über die Zugehörigkeit zu Jesus, keine Gewissheit des Heils, keine Teilhabe am ewigen Leben vorhanden.

Wir wollen bewusst zur Kenntnis nehmen: Jesus lehnt das Geld, den Reichtum nicht ab. Es geht vielmehr um die Frage, was in unserem Leben den »obersten Wert« einnimmt. Es geht um die Rangfolge: »Gebt nur Gott und seiner Sache den ersten Platz in eurem Leben«, sagt Jesus an anderer Stelle, »so wird er euch auch alles geben, was ihr nötig habt« (Mt 6, 33). Es geht um die Priorität, die erste Stelle im Leben. Das ist die Frage. Alles andere wird nicht abgelehnt, aber untergeordnet, ist zweitrangig. Wer dazu ein Ja hat, dessen Lebenseinstellung ist richtig. Der hat einen Schatz im Himmel. Dieser Schatz ist das ewige Leben. Ihn können weder Rost noch Motten fressen. Er ist unvergänglich, weil er Leben aus Gott ist, Teilhabe am Leben, dem ewigen Leben Gottes.

Dieser Frage müssen wir uns immer wieder stellen: Was oder wer hat den ersten Platz in meinem Leben? Oder anders gefragt: Was muss ich loslassen? Ist es das Geld? Die Karriere? Eine Freundschaft? Die Kinder? Das Hobby? Oder heißt es: »Hauptsache gesund!«? Manches Mal kann es sogar der Einsatz für Jesus sein, der letztlich nur eine Art von Selbstverwirklichung im frommen Gewand ist. Die Liste der möglichen Götzen kann man noch sehr verlängern. Hier ist Wahrhaftigkeit sich selbst gegenüber notwendig, wenn etwas anders, neu werden soll.

Jesus sagt: »Verkaufe alles, was du hast!« Lass los: dein Karrierestreben, deine Macht, den Menschen, den du an dich gebunden hast, die dich lähmende Erwartung, die Sorgen, die du dir machst, den Ärger, mit dem du dich selbst quälst. Lass los! Es ist schon eigenartig, dass auch solche Dinge zum »Reichtum« gehören können, weil sie nicht losgelassen werden. Man braucht sie, ja gebraucht sie, um sich selbst und andere zu bestimmen. Lass los!

5. Leitsatz
Von Jesus Seelsorge lernen heißt:
Loslassen, was mich bindet!

Es kann aber auch heißen, das lösende Wort sprechen, wenn ein Mensch in Schuld gefangen ist, davon loskommen will und um Vergebung bittet und wenn er neu anfangen und Jesus bewusst nachfolgen will. Ihm darf zugesprochen werden: »Im Namen Jesu, dir sind deine Sünden vergeben. Gott sieht dich so an, wie er Jesus ansieht. In ihm bist du richtig, gerecht vor Gott. An dir will er nichts mehr finden, was gegen dich spricht. Jesus hat dich freigesprochen. Er hat sich nicht geschämt, deine ganze Schuld und Sünde auf sich zu nehmen. Alle Selbstgerechtigkeit, auch alle Selbstrechtfertigung – also alle Versuche, dein Recht selbst zu ›fertigen‹ – dürfen eingestellt werden.«

Gott hat in Jesus das Recht, das vor ihm gilt, hergestellt. Und solange das jemand für sich in Anspruch nimmt, ist er richtig vor Gott.

Um das besser zu verstehen, gebrauche ich gerne ein Beispiel: Ein Alkoholiker bleibt ein Leben lang Alkoholiker, auch wenn er abstinent lebt und sozusagen »trocken« ist. Ein Mensch bleibt ein Leben lang ein Sünder, doch ein begnadigter Sünder, solange er in Jesus ist. Er ist dann sozusagen »trocken«, also richtig vor Gott. »Ist jemand in Christus, so ist er eine neue Kreatur. Das Alte ist vergangen, siehe, Neues ist geworden« (2. Kor 5, 17). So drückt es Paulus aus.

Noch eine Anmerkung zum Stichwort »loslassen«:

Wo man sich mit Menschen befasst, soll man keine Berührungsängste haben, weder weil sie moralisch-ethisch nicht unseren Vorstellungen entsprechen, noch weil sie nicht in unsere fromme Vorstellungswelt hineinpassen. Wo uns das in Liebe gelingt, kann es sein, dass jemand den Ruf Jesu nicht nur hört, sondern auch gehorcht und ihm folgt: »Komm, folge mir nach!«

Auch zum Stichwort »Berührungsangst« noch eine Anmerkung: Es gibt auch Berührungsängste in uns selbst. Man möchte z. B. nicht an Unangenehmes, an Ungeordnetes, an Dunkles im eigenen Leben durch die Begegnung mit anderen und deren dunklen Punkten erinnert werden. Man verdrängt die schlimmen Gedanken, die Rachegelüste, den Neid, die Enttäuschungen, den Ärger, die Ängste und wie diese Stressoren alle heißen. Man tut »als ob«, so als wären sie gar nicht da, und steht sich damit selbst im Weg und natürlich auch dem Gebrauchtwerden als seelsorgerliches Instrument in den Händen Jesu. Wie will man anderen helfen, Probleme aufzudecken und in ihre dunklen Ecken Licht zu bringen, wenn man selbst die eigenen im Dunkeln lässt?! Da kann Neues sich nicht entwickeln!

6. Leitsatz
Von Jesus Seelsorge lernen heißt:
Keine Berührungsängste haben, offen für Begegnungen sein, auch mit sich selbst.

Wir kommen zum Schluss unserer Geschichte. Jesus hat den Mann angesehen, lieb gewonnen und ihm das wegweisende, lösende Wort gesagt. Und wie reagiert er nun darauf? »Er aber ward unmutig über die Rede und ging traurig davon, denn er hatte viele Güter.«

Das heißt: Er hat so vieles, woran sein Herz hängt. Jesus steht nicht an der ersten Stelle in seinem Leben. Für ihn heißt es: Geld, Güter, Reichtum – und Jesus. Jesus kommt nicht an erster Stelle. Da macht Jesus aber nicht mit. Er stellt einen Totalitätsanspruch. Er will Eindeutigkeit, ganze Sache, keine Halbherzigkeit. Da fällt man nur von einer Enttäuschung in die andere und wundert sich dann noch, nicht froh bei der Sache zu sein.

Lassen Sie mich so ganz offen fragen: Ist Ihnen auch schon der Gedanke gekommen, dass hier die Ursache für eine unerfüllte Jesusnachfolge liegen könnte: in der Halbherzigkeit der Nachfolge, im Verschieben der Prioritäten? Denken Sie darüber nach! Kommen Sie mit einem Menschen Ihres Vertrauens darüber ins Gespräch. Klären Sie es ab.

Zurück zu unserem Text:

Jesus bestätigt am Ende der Geschichte, wie schwer es die haben, die festhalten, die behalten wollen, ins Reich Gottes zu kommen – also bereits heute am Leben Gottes und der Ewigkeit teilzuhaben. Und doch endet unser Text mit einer großen Hoffnung, mit einer Einladung, mit Zuversicht: »Bei den Menschen ist's unmöglich, aber nicht bei Gott; denn alle Dinge sind möglich bei Gott!« – Du schaffst es nicht!

So lernen wir von Jesu seelsorgerlichen Prinzipien noch etwas Entscheidendes.

7. Leitsatz
Von Jesus Seelsorge lernen heißt:
Geduld üben!

Jesus hält nicht fest. Er kann gehen und kommen lassen (Lk 15). Er weiß, dass mehr möglich ist, als jetzt möglich erscheint! Das will und kann Trost und Ermutigung zugleich für uns sein, wenn wir uns um Menschen bemühen, die den Weg zu Jesus zwar schon wissen, ihn aber immer noch nicht gehen. Bleiben wir dabei, dass sie Ansehen bei uns haben; haben wir sie weiterhin lieb; bleiben wir gesprächsbereit und glaubwürdig, was unsre gelebte Nachfolge betrifft. Wir haben Gottes Wort und Liebe investiert. Nun wollen wir warten, Geduld üben, ohne ständig hinterher zu sein, zu kontrollieren, inwieweit sich nun bereits die Investition gelohnt hat; sie also nicht ständig bedrängen. Nein, lieb behalten!

Der Zuspruch Jesu will ermutigen:

»Für Menschen ist es unmöglich, aber nicht für Gott. Bei ihm gibt es kein ›Unmöglich‹.«

Dass Sie diese Zuversicht auch froh macht – wie mich –, wünsche ich Ihnen von Herzen.

Sehen, hören, glauben
im Johannes-Evangelium

Am Schluss des Johannes-Evangeliums (Kap. 20, Vers 30) schreibt der Verfasser, er könnte noch viele Zeichen mitteilen, die in seinem Buch nicht aufgezeichnet seien. Damit drückt er eine bestimmte Konzeption aus, die ihn bei der Auswahl seiner Darstellungen bestimmte. Von welchem Ziel er sich dabei leiten ließ, sagt der folgende Vers im gleichen Kapitel und gibt damit sogleich die Antwort:

»Diese (Zeichen) aber sind geschrieben, damit ihr glaubt, dass Jesus der Christus ist, der Sohn Gottes, und damit ihr durch den Glauben das Leben habt in seinem Namen.«

Wir können daraus erkennen, dass sich der Evangelist von einem theologischen Aspekt hat leiten lassen: Er zielt auf den Glauben der Leser. Daraus darf man nun nicht die Folgerung ziehen, der Evangelist interessiere sich nicht für den historischen Jesus, wie das bisher oft geschehen ist. Im Gegenteil, der theologische Aspekt, den der Evangelist angibt, »Jesus ist der Christus«, hat ja gerade die Geschichte zum Subjekt. »Denn wer »Jesus« sagt, sagt Geschichte« (Cullmann). Und diese Geschichte ist ja der Glaube, den der vierte Evangelist seinen Lesern mitteilen will: dass gerade der Jesus der Geschichte der Christus ist. Es ist also Zeugnis von Jesus, das auf Glauben beruht und zum Glauben führen will. So müssen wir uns fragen, unter welchem besonderen Gesichtspunkt der Glaube an Jesus als den Messias hier verstanden ist.

Keiner der vier Evangelisten spricht ja so viel vom Glauben oder Nichtglauben der Augen- und Ohrenzeugen der Zeichen und Worte Jesu. Und dies geschieht immer im Hinblick auf die in den letzten Versen (Kap. 20, 30.31) genannte Absicht. Der johanneische Glaubensbegriff steht also in engstem Zusammenhang mit der Absicht des Evangeliums. Für den Verfasser entsteht die Frage: »Wie kann im historisch Einmaligen jener Ereignisse die tiefe Beziehung zu Gottes Heilshandeln in Vergangenheit, Gegenwart und Zukunft begriffen werden?« (Cullmann). Das heißt also: Wie kann das Sehen zum Glauben werden?

Wir werden später feststellen, dass auf das Sehen und Glauben das tiefe Verstehen folgen muss, dem einerseits immer wieder eine persönliche Entscheidung vorausgehen muss, andererseits wird es erst nach Christi Verherrlichung möglich sein: »Der Geist wird euch in alle Wahrheit leiten« (16, 13; vgl. dazu 20, 22; 14, 26; 15, 26.27).

Die Beziehung von Sehen und Glauben im Hinblick auf das Leben Jesu ist daher ein Hauptanliegen des Johannes-Evangeliums. Deshalb sind Sehen und Glauben zwei Vokabeln, denen wir immer wieder begegnen. Es beginnt im Prolog: »Wir haben seine Herrlichkeit gesehen« (1, 14) und strebt dem Gipfel des Evangeliums, der Thomasgeschichte in Kapitel 20, zu. Es ist nicht von ungefähr, dass dies die letzte Erzählung des eigentlichen Evangeliums ist – Kapitel 21 ist ein Nachtragskapitel –, und das letzte Wort, das Jesus spricht, ist an Thomas gerichtet (20, 29): »Weil du mich gesehen hast, Thomas, so glaubst du. Selig sind, die nicht sehen und doch glauben.«

Dieses Wort hat der Evangelist als Krönung seines Evangeliums an den Schluss gestellt, weil es für die Leser seines Buches passt. Sie befinden sich in dieser Lage, dass sie selbst nicht gesehen haben und doch glauben sollen. Damit schreibt der Verfasser nicht das Augenzeugnis ab. Nein, es ist notwendig, dass es zu Lebzeiten Jesu Zeugen gegeben hat, die zuerst gesehen haben, und dass die Späteren, die nicht mehr selbst gesehen haben, sich auf das Zeugnis jener stützen können, die wirklich mit den leiblichen Augen gesehen haben (1. Joh 1, 1-4). Aber es genügt nicht, gesehen zu haben und sich auf Augenzeugen zu stützen! Es muss außerdem ein Glaubensakt hinzukommen. In dieser Beziehung sind die Leser genau in der gleichen Lage wie der Evangelist selbst. Damit ist nochmals die Thematik seines Werkes gegeben.

So finden wir im Johannes-Evangelium einerseits Stellen, die die Notwendigkeit des Sehens, andererseits die Notwendigkeit des Glaubens betonen. Im Johannes-Evangelium (14, 7.9.17) und auch im 1. Johannes-Brief stehen die drei Verben »sehen«, »glauben« und »erkennen« in engster Verbindung. Zuerst scheint es ein Widerspruch zu sein, wenn einerseits vorausgesetzt wird, es komme auf das Sehen bzw. Hören an, andererseits, es komme nicht auf das Sehen, sondern auf den Glauben. Es gilt wohl zu beachten, dass der Verfasser des Johannes-Evangeliums und des 1. Johannes-Briefes ein großes Vokabular hatte, das er wahrscheinlich wahlweise gebrauchte, um zum Ausdruck zu bringen, was es heißt, an Jesus als den Christus zu glauben. Trotzdem werden wir feststellen, dass auch schwankende Differenziertheiten zwischen »sehen und glauben«, »sehen und erkennen«, »erkennen und glauben«, »glauben und erkennen«, »hören und glauben«

vorhanden sind. Es soll nun im Weiteren auf diese Differenziertheiten wie auch auf die Gleichheit der Aussagen dieser Vokabeln eingegangen werden. Dadurch werden sich gewisse Überschneidungen, Wiederholungen und vermeintliche Widersprüche nicht vermeiden lassen.

I. Sehen bzw. Hören im Johannes-Evangelium

1. Der Sprachgebrauch

Sehen kann auch bedeuten: erblicken, bemerken, wahrnehmen, erleben, erfahren, innewerden. Im Folgenden ist bis zu einem gewissen Grad auch immer das Verb »hören« mit einbezogen.

2. Die Verschiedenheit des johanneischen Sehens bzw. Hörens

a) Das visuelle Sehen

Gegenstand dieses Sehens können Personen, Sachen und Vorgänge sein, die in der irdisch sichtbaren Welt allgemein wahrgenommen werden können. Jesus sagt z. B. in Johannes 4, 35 zu seinen Jüngern: »Hebt eure Augen auf und seht in die Felder, denn ...« Oder als er (Joh 1, 38-39) gefragt wird, wo seine Herberge sei, antwortete er: »Kommt und seht!« (vgl. 1, 46; 9, 8; 4, 35; 6, 5; 11, 45; 6, 19; 10, 12).

b) Das Sehen bzw. Hören auf besondere Offenbarungen

Hier handelt es sich um das Sehen übernatürlicher Vorgänge oder Dinge, die nur ausnahmsweise von bestimmten Menschen wahrgenommen werden. Das trifft auch in besonderen Fällen auf das Hören zu. Bei Jesu Taufe (Joh 1, 32 f) spricht Johannes der Täufer: »Ich sah, dass der Geist herabfuhr wie eine Taube vom Himmel und blieb auf ihm …« (vgl. 1, 51; 20, 12 f; 12, 28 f).

c) Das Sehen, das nur die Zeichen Jesu wahrnimmt

Sehen, das nur die Äußerlichkeiten des Geschauten wahrnimmt und nicht »tiefer blickt«, verfehlt den Zweck des spezifisch johanneischen Sehens, dessen Ziel es ist, dass wir glauben (20, 30.31).

d) Sehen, das in gewisser Parallelität zum Glauben steht

Man spricht hierbei am besten von einem »Sehen des Glaubens« oder einem »Sehen innerhalb des Glaubens«. Sehen und glauben anhand der Ostergeschichte. Es zeigt sich auch ganz deutlich bei den Berichten, bei denen z.B. geschrieben steht: »Wer an mich glaubt, der glaubt nicht an mich, sondern an den, der mich gesandt hat. Und wer mich sieht, der sieht den, der mich gesandt hat« (12, 44 f oder 6, 40.62). Das Sehen soll zum Glauben führen, da das

Ziel des Sehens eigentlich der Empfang des Lebens ist und der Konstruktion »glauben- sehen« gleichgeordnet, ist das Sehen definiert als im Glauben sich vollziehende Begegnung mit dem Sohn. An vielen Stellen (6, 40; 12, 44 f; 14, 19; 16, 10.16 f.19) »liegt also positiv und negativ gewendet die gleiche Anschauung gleich weit entferntes Sehen, nämlich um die in der Begegnung mit Jesus fallende Entscheidung der Hinwendung zum Glauben« (NTWB, Michaelis).

Wie Glauben und Sehen, so sind auch Hören und Glauben (5, 24) verbunden oder alternieren (8, 45- 47; 10, 26 f; 12, 46 f). Andererseits werden Sehen und Hören verbunden (3, 22; 5 28; 1. Joh. 1, 1.3) oder im Wechsel gebraucht (8, 38). Und wie das Verhältnis des Vaters zum Sohn als Sehen (12, 45; 14, 9) bezeichnet werden kann, so auch als Hören (5, 30; 8, 26.40; 15, 15). Sehen und Hören bezeichnen also Glauben, freilich als ein erfülltes, in dem das Erkennen, auf das es zielt, verwirklicht ist. Deshalb kann auch Sehen und Erkennen wechseln (14, 7.9) oder kombiniert werden (14, 17; 1. Joh 3, 6). Wie die Juden Gott nicht gesehen haben (5, 37), so haben ihn die Juden auch nicht erkannt (17, 25) und sie kennen ihn nicht (8, 55; 10, 15) – (nach NZWB, Michaelis).

Sehen ist somit ein Wort für das Offenbarungsgeschehen Gottes, denn nur in Jesus ist Gott zu sehen und nur in ihm hat er sich geoffenbart (14, 9). Sehen ist somit die Wahrnehmung des Glaubens, der in der geschichtlichen Person Jesu die Wahrheit und das Leben erkennt, die nur durch ihn vermittelt werden und somit nicht in direkter Schau wahrnehmbar sind. So konnte der Evangelist mit Sehen, Hören und Glauben den persönlichen und existenziellen Charakter der Begegnung mit Jesus betonen, welche die Entscheidung fordert, ob Jesus der Christus und in ihm das Leben ist.

II. Glauben im Johannes- Evangelium

1. Der Sprachgebrauch

Es ist erwähnenswert, dass der Schreiber des Johannes-Evangeliums unter den neutestamentlichen Schreibern am meisten das Verb »glauben« verwendet. Er vermeidet allerdings das Hauptwort »Glaube« sehr. Das bedeutet, dass für den Evangelisten »glauben« ein Vorgang ist, ein dynamisches Geschehen, aber kein abgeschlossener Zustand.

Das Verb »glauben« wird im Johannes- Evangelium sehr häufig gebraucht im Zusammenhang mit der Verkündigung. In Johannes 5, 47 z. B. sagt Jesus zu den Juden: »Wenn ihr aber seinen Schriften« – es geht um Moses Schriften – »nicht glaubt, wie werdet ihr meinen Worten glauben?« Im Blick auf seine Taten sagt Jesus (Joh 10, 37.38): »Tue ich nicht die Werke meines Vaters, so glaubt mir nicht; tue ich sie aber, so glaubt doch den Werken, wenn ihr mir nicht glauben wollt, damit ihr erkennt und wisst, dass der Vater in mir ist und ich in ihm.«

Und im Blick auf die Auferstehung sagt Jesus (Joh 11, 25.26): »Ich bin die Auferstehung und das Leben. Wer an mich glaubt, der wird leben, auch wenn er stirbt; und wer da lebt und glaubt an mich, der wird nimmermehr sterben. Glaubst du das?« Der Glaube ist also die intellektuelle und existenzielle Bejahung dessen, was Jesus Christus dem Menschen bedeutet. Inhalt des Glaubens und Bejahung gehören zusammen. Das gilt auch für das Verb »erkennen«

bzw. »kennen«. Alles Erkennen kann nur ein glaubendes sein, so dass im Erkennen der Glaube zu sich selbst kommt.

2. Glauben – im allgemeinen Sinn – im Johannes-Evangelium

Wenn der Evangelist so großes Gewicht auf den Glauben des Menschen legt, erwecken manche Formulierungen den Eindruck, der Glaube selbst begründe das Heil, sei also Heilsgeschehen. Doch nirgends ist der Glaube wirklich als Begründung des Heils selbst verstanden, sondern höchstens als zu erfüllende Bedingung zur Teilnahme am Heil. Denn das Heil ist geschaffen, es ist »da« und hat seinen Grund in Jesus Christus. In solchem Sinn hat man Heil, aber einzig und allein durch ihn. Im Glauben stellt sich der Mensch in diese Wirklichkeit, wodurch das für ihn »beschaffte« (3, 14 f) Heil aktuell wird. So heißt auch im Johannes-Evangelium »glauben«: »davon überzeugt sein, dass dieses Geschehen für mich geschieht«.

So ist der Glaube, zu dessen Gewinnung das Evangelium geschrieben ist, die Überzeugung: Jesus ist der Christus, der Sohn Gottes, vom Vater ausgegangen (16, 27) – und der Glaubende (d. h. der Mensch, der diese Überzeugung gewinnt und durch sie sein Leben bestimmen lässt) hat das Leben (5, 24), das in seinem Namen gegeben ist. Die an ihn als die zentrale Persönlichkeit (3, 16; 8, 24) Glaubenden empfangen das Leben bzw. die Gotteskindschaft. Gotteskindschaft und ewiges Leben gehören ja zusammen (3, 16; 3, 36; 5, 24; 11, 25 f; 17, 3). Dadurch entgehen die Glaubenden dem Gericht (3, 16.18). Da Jesus der

Spender der Gotteskindschaft bzw. des Lebens ist, empfängt es der, der an seinen Namen, d. h. an ihn als den Christen, den Sohn Gottes, glaubt. Glaube an Jesus ist Glaube an Gott (12, 44), ohne den es keinen Glauben an Jesus gibt (6, 44). Solcher Glaube wird im Evangelium als Werk Gottes bezeichnet (6, 28-29).

Als die Juden fragen, was sie tun sollen, um Gottes Werke zu wirken, wird ihnen die Antwort gegeben: »Das ist Gottes Werk, dass ihr an den glaubt, den er gesandt hat« (6, 29 f). Gott wirkt durch seinen Gesandten den Glauben, der sich auf diesen Gesandten wieder ausrichtet. Glaube ist also keine menschliche Gläubigkeit, er ist auch nicht »allein« als Gottvertrauen eine von Menschen zu realisierende Möglichkeit, sondern er steht in unlösbarer Korrelation zu dem Wort des Gesandten Gottes, durch das hindurch er, die Gotteskindschaft wirkend, wirksam ist. Er sagt von seinem Wort: »Die Worte, die ich zu euch geredet habe, die sind Geist und sind Leben« (6, 63). Wenn Jesus an dieser Stelle fortfährt: »Aber es gibt einige unter euch, die nicht glauben«, so ist dieses Nichtglauben Verweigerung der Anerkennung seines Wortes (5, 47; 10, 25; 3, 12; 5, 31; 8, 45 f; 14, 11). Simon Petrus bekennt: »Wohin sollen wir gehen? Du hast Worte des ewigen Lebens, und wir haben geglaubt und erkannt: Du bist der Heilige Gottes« (6, 68 f). Die Worte Jesu sind Worte des Lebens, wenn ihnen der Glaube antwortet. Besonders deutlich tritt das in Johannes 5, 24 hervor: »Wahrlich, wahrlich, ich sage euch: Wer mein Wort hört und glaubt dem, der mich gesandt hat, der hat das ewige Leben.« Zu solchem Glauben sollen die Zeichen also wirken.

3. Die Verschiedenheit des johanneischen Glaubens

a) Das Zeichen »sehen, hören« als Anstoß zum Glauben

Nach Johannes 20, den vorhin bereits erwähnten Versen 30 und 31, sind die Zeichen gegeben, um den Glauben an Jesus als den Christus zu wecken. Vom ersten Zeichen Jesu sagt der Evangelist: »Das ist das erste Zeichen, das Jesus tat, geschehen zu Kana in Galiläa, und er offenbarte seine Herrlichkeit. Und seine Jünger glaubten an ihn« (2, 11). Die Zeichen sind also Intention zum Glauben, der sich auf Jesu Person richtet und zum Anschluss an ihn führen soll.

Nun finden wir eine Anzahl von Stellen im vierten Evangelium, bei denen die Unzulänglichkeit des Sehens zutage tritt, weil der Glaube nicht auf das Zeichen folgt. Es wird dadurch deutlich, dass der Zeichenglaube, der nur die Zeichen sieht und darauf baut, nicht ausreicht, nicht beständig ist. Schon in Kap. 2, 23-25 heißt es: »Als er aber am Passafest in Jerusalem war, glaubten viele an seinen Namen, da sie die Zeichen sahen, die er tat. Aber Jesus vertraute sich ihnen nicht an, denn er kannte sie alle und bedurfte nicht, dass ihm jemand Zeugnis gab vom Menschen, denn er wusste wohl, was im Menschen war.«

Das heißt also: Denen, die aufgrund von Zeichen an seinen Namen glaubten, d. h. an ihn als den Gesandten Gottes, vertraute er sich nicht an. Diese seltene Verwendung von »glauben« zeigt, dass für Jesus im Glauben das Sich-Anvertrauen enthalten ist. Jesus durchschaut die unzureichende Art des Sich-an-das-Zeichen-bindenden-Glaubens, weil der Glaube das Sich-Anvertrauen an seine Person ist.

Diese Verse (Kap. 2, 23-25) sind die Einleitung zum Nikodemusgespräch. In Nikodemus wird uns der Typ des Zeichengläubigen gezeigt. Das wird ganz deutlich in den Worten, die dieser Lehrer von Israel an Jesus richtet, als er ihn aufsucht: »Meister, wir wissen, dass du bist ein Lehrer, von Gott gekommen; denn niemand kann die Zeichen tun, die du tust, es sei denn Gott mit ihm« (3, 2). So von Jesus als dem Gesandten Gottes reden heißt aufgrund von Zeichen an ihn glauben. Der eine Satz, den Jesus Nikodemus zur Antwort gibt: »Wahrlich, wahrlich, ich sage dir: Es sei denn, dass jemand von Neuem geboren werde ...«, macht Nikodemus ratlos. Er kann den Vorgang einer Wiedergeburt des Menschen aus Gott nicht verstehen. Das heißt, er vermag nicht das Wort Jesu hörend recht zu verstehen. »Der auf das Zeichen begründete und durch es erweckte Glaube, der im Zeichen die Herrlichkeit des Lebens wahrnimmt, soll aus dem Hören auf sein Wort mit ihm das Leben empfangen. Er soll also zum Hören auf das Wort führen, durch das hindurch der Geist Leben zeugend wirksam ist« (3, 6; 6, 63.68 f) – (W. Grundmann).

Sehen, Hören und Glauben fallen also nicht einfach miteinander zusammen. Ein Glaube, der nur aus gesehenen Tatsachen abgeleitet ist und nichts weiter, ist kein echter Glaube. Das zeigt auch Kapitel 11, wo selbst die Wiederkehr eines Toten nicht vermochte, alle zum Glauben zu führen. In dieser Erzählung von der Auferstehung des Lazarus betont Jesus ausdrücklich, das Zeichen geschehe, damit es von denen, die dabei sind, wahrgenommen werde: »Da sagte es ihnen Jesus frei heraus: Lazarus ist gestorben. Und ich bin froh um euretwillen, dass ich nicht dagewesen bin, damit ihr glaubt« (11, 14.15).

Doch anschließend heißt es nicht nur, dass viele darauf tatsächlich zum Glauben gelangten (11, 45), sondern im folgenden Vers 46 vermerkt der Evangelist, dass »einige« aber zu den Pharisäern gingen, um ihnen das Geschehen zu berichten. Die darauf folgende Notiz über die Folgen dieser Meldung zeigt, dass jene »einige« in böser Absicht, also im Unglauben die Pharisäer über das Geschehene in Kenntnis setzten. Ihr Sehen hat sie also nicht zum Glauben geführt.

Auch Kapitel 6 zeigt die Unzulänglichkeit des Sehens, wo nur auf das Zeichen geschaut wird und es nicht zum Anschluss an die Person Jesu kommt. Wenn in Vers 30 die Juden fragen: »Was tust du für ein Zeichen, damit wir sehen und dir glauben?«, so ist hier von einem Sehen die Rede, das nicht zum Glauben führt, denn die Juden haben ja schon vorher das Speisungs-Zeichen gesehen, ohne es zu verstehen. So muss Jesus auch einige Verse weiter zu ihnen sagen: »Ihr habt gesehen und glaubt doch nicht!« Das trifft auch für die Brüder Jesu zu: »Denn auch seine Brüder glaubten nicht an ihn« (7, 5). Wie die Zeichen, so werden auch oft die Worte Jesu missverstanden:

»Jesus antwortete und sprach zu ihnen: Brecht diesen Tempel ab, und in drei Tagen will ich ihn aufrichten. Da sprachen die Juden: Dieser Tempel ist in 46 Jahren erbaut; und du willst ihn in drei Tagen aufrichten?« (2, 19-20)

Glaube, der sich nur auf Zeichen stützt, ist somit kein wirklicher Glaube in den Augen Jesu. Wenn die Zeichen nicht verstanden werden, werden sie zum Anstoß, zur Feindschaft. Mögen für viele Menschen die Zeichen den ersten Hinweis zur Aufmerksamkeit auf Jesus, zum Anfang des Glaubens gegeben haben – zu diesem Zweck sind sie ja gegeben. Für die Führer des Volkes, für die Repräsentanten der Welt sind sie der Anstoß zum Todesurteil Jesu geworden: »Da versammelten die Hohenpriester und die Pharisäer den Hohen Rat und sprachen: Was tun wir? Dieser Mensch tut viele Zeichen. Lassen wir ihn so, dann werden sie alle an ihn glauben, und dann kommen die Römer und nehmen uns Land und Leute. Einer aber unter ihnen, Kaiphas, der in dem Jahr Hoherpriester war, sprach zu ihnen: Ihr wisst nichts; ihr bedenkt auch nicht: Es ist besser für euch, ein Mensch sterbe für das Volk, als dass das ganze Volk verderbe. Von dem Tage an war es für sie beschlossen, dass sie ihn töteten« (11, 47-49.53).

b) Der Zeichenglaube soll zum Wortglauben führen

Der durch Zeichen und Wunder erweckte und auf diese sich gründende Glaube reicht nicht aus. Es ist ein Glaube in einem Vorstadium, denn der Glaube ist Anschluss an die Person Jesus Christus und vertraut ihm und seinem Wort uneingeschränkt und führt in die Nachfolge Jesu.

Dieser Vorgang wird besonders beim zweiten Zeichen in Kapitel 4 des Johannes-Evangeliums deutlich: »Und es war ein Mann im Dienst des Königs, dessen Sohn lag krank in Kapernaum. Dieser hörte, dass Jesus aus Judäa nach Galiläa kam, und ging hin zu ihm und bat ihn, herabzukommen und seinem Sohn zu helfen, denn der war todkrank« (V. 46-47).

Auf diese Bitte hin bekommt er von Jesus eine Abweisung, die sich gegen den Zeichenglauben richtet: »Wenn ihr nicht Zeichen und Wunder seht, so glaubt ihr nicht.« Daraufhin wiederholt der königliche Beamte seine Bitte und empfängt die Zusage: »Geh hin, dein Sohn lebt!« Der

Bittende geht, aber ohne Jesus. Er hat nur das Wort und was ihm in diesem Wort verheißen ist. Der Evangelist Johannes sagt: »Der Mensch glaubte dem Wort, das Jesus zu ihm sagte ...« So steht der königliche Beamte als Gegentypus zu Nikodemus als der, der vom Wortglauben ausgeht. Der königliche Beamte findet seinen an das Wort gebundenen Glauben bestätigt. Das Zeichen wird zur Bestätigung und nicht zur Voraussetzung für den Glauben: »Dein Kind lebt!« – »Und er glaubte mit seinem ganzen Hause.«

Auch die Samariterin in Kapitel 4 findet den Glauben an Jesus als den Messias im Gespräch mit Jesus, ohne dass ihr vorher ein Zeichen widerfährt. Ebenso beim Blindgeborenen in Kapitel 9. Er geht auf Jesu Wort (»Geh zu dem Teich Siloah und wasche dich«) ein und erfährt Heilung. Das Zeichen folgt auch hier dem glaubenden Gehorsam dem Wort Jesu gegenüber.

An ihn glauben heißt also, ihn als den Lebensspender erkennen und sich an ihn im Hören auf sein Wort vertrauensvoll anschließen. Jesu Worte vermitteln gar keinen greifbaren Inhalt als eben den, dass sie Worte des Lebens, Worte Gottes sind, denn sein Wort ist er selbst, und er ist der Weg, die Wahrheit und das Leben. Niemand kommt zum Vater denn der, der sich vertrauend ihm und seinem Wort anschließt. Das bedeutet Entscheidungssituation. Alle angeführten Beispiele zeigen uns: Sie stehen in Auseinandersetzung mit sich selbst und mit dem Angebotenen, ehe sie den Schritt des Glaubens wagen, auf das Wort Jesu hin zu glauben.

c) Der Wortglaube soll sich im Beharren bewähren

Jesu Rede, in der er sich mit den Pharisäern und den durch sie bestimmten Juden auseinandersetzt (8, 12-29), findet Glauben: »Als er das sagte, glaubten viele an ihn. Da sprach nun Jesus zu den Juden, die an ihn glaubten: Wenn ihr bleiben werdet an meinem Wort, so seid ihr wahrhaftig meine Jünger und werdet die Wahrheit erkennen, und die Wahrheit wird euch frei machen« (8, 30-32). Der Glaube, von dem hier gesprochen wird, ist ein Glaube, der aufgrund der Rede Jesu zustande gekommen ist bei denen, die auch die Zeichen gesehen haben. Ihnen wird gesagt: Jetzt kommt alles darauf an, dass sie im Wort, das sie gehört haben, als Hörende bleiben. Nur der im Wort Bleibende und darin Beharrende verdient wahrhaft die Bezeichnung »Jünger«.

Zur beharrenden Eigenschaft des Menschen wird das Glauben vor allem dadurch, dass Jesu Gemeinschaft mit ihm eine beharrliche ist und nicht schwankt, sodann auf Seiten des Menschen dadurch, dass er die von Jesus übermittelte Gabe, die Einsetzung in die Gotteskindschaft, erkennt und im Bleiben im Wort und damit in der Gemeinschaft mit Jesus auch erfasst.

Um es an einem Beispiel deutlich zu machen, nehmen wir nochmals die Erzählung vom Blindgeborenen in Kapitel 9. Nachdem der Blinde sehend geworden ist, führt man ihn zu den Pharisäern. Entscheidend ist nun, dass der Blindgeborene im folgenden Verhör vor den Pharisäern treu zu Jesus steht, gehorsam dem Worte Jesu folgend, was Glauben ist. Er bekennt sich zu seinem Helfer, und zwar unter mancherlei Bedrängnis und Druck. Dadurch wird er zum Gegenstück des geheilten Lahmen in Kapitel 5, der seinen Helfer anzeigt und nicht im Wort bleibt. Es gibt also auch ein Herausfallen aus der Gemeinschaft mit Jesus. An dem geheilten Blinden wird deutlich: Sein Bleiben an Jesu heilendem und helfendem Wort, das in dem wiederholten Festhalten an dem, was er erfahren hat, zum Ausdruck kommt, lässt ihn zum rechten Jünger werden, der die Wahrheit erkennt und durch sie frei wird, frei vom kasuistischen Gesetz der Juden.

Es geht also um das Bleiben im Wort, d. h. an Jesus, in der Gemeinschaft mit ihm. Das wird ganz deutlich am Beispiel vom Weinstock in Kapitel 15 oder in den Abschiedsreden in Kapitel 15-17 und im Petrusbekenntnis: »Da fragte Jesus die Zwölf: Wollt ihr auch weggehen? Da antwortete ihm Simon Petrus: Herr, wohin sollen wir gehen? Du hast Worte des ewigen Lebens; und wir haben geglaubt und erkannt: Du bist Christus, der Heilige Gottes« (6, 68). Dem im Glauben Beharrenden wird die Erkenntnis und der Gewinn der Freiheit gegeben.

d) Der beharrende Glaube findet seine Erfüllung in der Erkenntnis

Die Knechtschaft, die den Menschen bindet, ist die Sünde. Das Wort Jesu befreit zur Freiheit der Gotteskindschaft. »Jesus antwortete ihnen und sprach: Wahrlich, wahrlich, ich sage euch: Wer Sünde tut, der ist der Sünde Knecht. Der Knecht bleibt nicht ewig im Haus; der Sohn bleibt ewig. Wenn euch nun der Sohn frei macht, so seid ihr wirklich frei« (Joh 8, 34-36). Die Gotteskindschaft schließt das ewige Leben in sich. Der Weg zu dieser Freiheit, die sich in der Erkenntnis Jesu als des Sohnes Gottes zeigt, können wir wieder am Bild des Blindgeborenen wie auch der Samariterin deutlich sehen. Er vollzieht sich sozusagen stufenweise.

Bei dem Blindgeborenen wächst die Erkenntnis am Widerstand der Feinde Jesu. Zuerst sagt der Blindgeborene: »Der Mensch, der Jesus heißt.« Eine Stunde weiter sagt er: »Er ist ein Prophet.« Als die dritte Stufe bekennt er sich zu Jesus als dem von Gott Kommenden (Vers 30-33): »Der Mensch antwortete und sprach zu ihnen: Das ist verwunderlich, dass ihr nicht wisst, woher er ist, und er hat meine Augen aufgetan. Wir wissen, dass Gott die Sünder nicht erhört; sondern den, der gottesfürchtig ist und seinen Willen tut, den erhört er. Von Anbeginn der Welt an hat man nicht gehört, dass jemand einem Blindgeborenen die Augen aufgetan habe. Wäre dieser nicht von Gott, er könnte nichts tun.«

Die letzte Stufe zeigt ihn uns mit dem Bekenntnis des Glaubens, das zur Erkenntnis gekommen ist: »Herr, ich glaube.« Durch die Selbstoffenbarung Jesu ist das Wachstum der Erkenntnis abgeschlossen. Daran wird deutlich: Dem Glauben, der aus einem Geschehen erwächst, wohnt eine persönliche Stellungnahme und der vertrauende Anschluss an Jesus inne – die damit sich vollziehende Erkenntnis und ihr Sich-Aussprechen in Bekenntnis. Der Blindgeborene ist als der an Jesu Wort und Werk Bleibende in die Wahrheit und in ihr zugleich in die Freiheit – auch vom Gesetz – geführt und wird so zum Bilde des rechten Jüngers. »Da sprach nun Jesus zu den Juden, die an ihn glaubten: Wenn ihr bleiben werdet an meinem Wort, so seid ihr wahrhaftig meine Jünger und werdet die Wahrheit erkennen, und die Wahrheit wird euch frei machen« (8, 31.32).

Einen ähnlichen Vorgang finden wir – wie bereits gesagt – bei der Samariterin in Kapitel 4. Hier wächst die Erkenntnis an der Begegnung mit Jesus unter seinem Wort. Zuerst spricht die Frau Jesus als Juden an, danach als Herrn. Nach weiterem Gespräch als Propheten, dann als Messias, worauf sich Jesus als der Sohn Gottes offenbart. Dann spricht die Frau von Jesus als dem Christus, und auch die anderen Samariter kommen durch ihr Zeugnis zum Glauben, begegnen Jesus und bekennen: »Von nun an glauben wir nicht mehr um deiner Rede willen; wir haben selbst gehört und erkannt: Dieser ist wahrlich der Welt Heiland.«

Die Erkenntnis hat also zum Inhalt: Jesus ist der Sohn Gottes, er ist der Christus, der Sieger über den Tod und Spender des Lebens. Das zeigt uns auch das Bekenntnis des Petrus: »Herr, wohin sollen wir gehen? Du hast Worte des ewigen Lebens; und wir haben geglaubt und erkannt: Du bist der Heilige Gottes« (6, 68 f.).

Glauben und Erkennen unterscheiden sich also nicht hinsichtlich ihres Objektes, auch nicht als Stufen. Wie alles Erkennen nur ein glaubendes sein kann, so kommt im Erkennen der Glaube gleichsam zu sich selbst. Das Erkennen ist somit ein Strukturmoment des Glaubens. Jesus sprach im hohepriesterlichen Gebet: »Denn die Worte, die du mir gegeben hast, habe ich ihnen gegeben; und sie haben sie angenommen und wahrhaftig erkannt, dass ich von dir ausgegangen bin, und sie glauben, dass du mich gesandt hast« (17, 8).

Im Glauben ist die Vorstellung durchschlagend, dass wir etwas haben, was uns doch noch nicht ganz zugehörig ist. Und das gilt beim Menschen nicht nur für den Glauben, sondern auch für das Erkennen. Dem entspricht nun, dass das Verhältnis Jesu zu Gott nur als Erkennen bezeichnet werden kann (10, 25; 17, 25), nie als Glauben, denn Jesus ist mit Gott, dem Vater, eins. Alles menschliche Erkennen ist nur ein glaubendes. Das wird erst aufhören, wenn das irdische Dasein zu Ende ist und der Glaube durch ein bloßes Schauen der Herrlichkeit abgelöst wird. Jesus sagt: »Vater, ich will, dass, wo ich bin, auch die bei mir seien, die du mir gegeben hast, damit sie meine Herrlichkeit sehen, die du mir gegeben hast; denn du hast mich geliebt, ehe der Grund der Welt gelegt war« (17, 24).

Das Erkennen ist in Kapitel 10, Vers 15 klar demonstriert: »Ich bin der gute Hirte und kenne die Meinen und die Meinen kennen mich, wie mich mein Vater kennt, und ich kenne den Vater.« Diese Sätze sind miteinander verschlungen. Der Vorgang hat seinen Grund in der Erkenntnis des Sohnes durch den Vater, d. h. der Vater hat sich den Sohn erwählt, und der Sohn antwortet dem Vater, indem er sich ihm anvertraut: Ich erkenne den Vater. Das begründet die Aussage: »Ich und der Vater sind eins« (10, 30). Diese Geschichte zwischen dem Vater und dem Sohn bildet den verborgenen Grund der Geschichte des Sohnes mit den Seinen, in der er als der von Gott Kommende erkannt wird. Sie beginnt damit, dass der Sohn die Seinen erkennt, d. h. sie erwählt. Darin tut er das Gleiche, was der Vater an ihm tut (5, 17.19.20.21). Die er sich als die Seinen erwählt sind die, die ihm der Vater gegeben hat (6, 37.39; 17, 6.9.11). Auf diese Erwählung hin antworten sie mit der Erkenntnis des Sohnes, d. h. sie vertrauen sich ihm an. *Die Einheit* zwischen Vater und Sohn (10, 30) weitet sich aus zur Einheit der Glaubenden untereinander und ineinander – im Ineinandersein des Vaters und Jesu und der Seinen (14, 20.23). Aus der ganzen Geschichte geht hervor: Jesus ist der Mittler zwischen dem Vater und den Seinen, er führt zum Glauben der Seinen, der in sich das Moment der Erkenntnis einschließt, das sich auf dem Grund der liebenden Anerkennung vollzieht. Das Ereignis, dem man sich öffnen und verschließen kann, liegt allen Begegnungen zwischen Jesus und den Menschen, die das 4. Evangelium erzählt, zugrunde. Erkennen ist somit ein Erfasstwerden des ganzen Menschen durch den Glauben.

Dieses Geschehen wird mit dem Hirtenbild ausgesagt (10, 27f). Es hat sein Ziel in dem, worum Jesus den Vater bittet, »die durch ihr Wort an mich glauben werden«, »dass sie alle eins seien. Wie du, Vater, in mir bist und ich in dir, so sollen auch sie in uns sein« (Joh 17, 21).

e) Wir fassen zusammen:

Der Gang durch das Evangelium zeigt eine deutliche Gedankenfolge. Der Glaube entsteht an den Zeichen, in ihnen nimmt er die Herrlichkeit des Sohnes Gottes wahr. Aber dieser Glaube, am Zeichen entstehend, genügt nicht, er ist unzureichend. Denn der Glaube muss sich auf das Wort richten, in dem der Glaubende das Leben empfängt. Dieser Glaube, der in der Korrelation zum Wort Jesu steht, ist Gottes Werk und ist der Empfang des Lebens. Weil dieser Glaube nur in der Korrelation zum Wort entsteht, wird er auch nur in der Korrelation zum Wort erhalten, in dem Jesus Christus uns begegnet. Darum muss er zu dem am Wort beharrenden und in ihm bleibenden Glauben werden, um an ihm Wahrheit und Freiheit zu erfahren. So wird er sich auch betätigend in der Liebe zum Nächsten erweisen.

4. Die Liebe als Reaktion des Glaubens

Glaube ist Liebe zu Jesus und trägt den Charakter des Gehorchens. Christus ist nur dort wirklich erkannt, wo seine Erkenntnis das Tun des Willens Gottes nach sich zieht. Wer nicht die Liebe hat, hat nicht das Recht, von Gotteserkenntnis zu sprechen. Nur im Bleiben in seinem Wort (14, 23) wird das Leben befähigt zum Lieben (15, 1-10). Die Liebe Jesu, die Gemeinschaft mit ihm ist tragende Macht, deshalb schlechthin unentbehrliche Bedingung ihres Fruchtbringens, ja schon ihrer Wirksamkeit. Das Bild vom Weinstock und den Reben, mit dem in Johannes 15 die Bedeutung der Gemeinschaft Jesu und seiner Jünger verdeutlicht wird, ist hier streng persönlich durch sein Wort und seine Liebe vermittelt. Das erst gibt bewährte Jüngerschaft, die immer im Wort bleibt, in ihm. Sie wird Frucht bringen.

Die Erkenntnis dessen, was Jesus ist, führt in die Trennung mit der Welt, da man seine eigene Sicherheit aufgibt und sich rückhaltlos Jesus und seinem Wort anvertraut. Denn der Glaubende hat seine Sicherheit nie in sich selbst, sondern stets in Gott.

Am Halten der Gebote, die die Liebe zum Inhalt haben, wird somit offenbar, ob einer Jesus lieb hat. Jesus spricht: »Wer meine Gebote hat und hält sie, der ist es, der mich liebt. Wer mich aber liebt, der wird von meinem Vater geliebt werden, und ich werde ihn lieben und mich ihm offenbaren (zu erkennen geben)« (14, 21). Die Liebe zu Jesus gründet sich in der Liebe Jesu zu den Seinen, wie sie vor allem in der Lebenshingabe sichtbar wird; sie ist die Antwort auf seine Liebe und verwirklicht sich in der Liebe zum anderen Menschen.

»Vor dem Passafest aber erkannte Jesus, dass seine Stunde gekommen war, dass er aus dieser Welt ginge zum Vater; und wie er die Seinen geliebt hatte, die in der Welt waren, so liebte er sie bis ans Ende. – Ein neu Gebot gebe ich euch, dass ihr euch untereinander liebt, wie ich euch geliebt habe, auf dass auch ihr einander lieb habt« (13, 1.34).

Darum ist das Halten der Gebote das Zeichen der Liebe zu Jesus. Daran wird die Welt sie als seine Jünger erkennen, weil die Welt diese Liebe nicht hat und nicht kennt. Zugleich erfährt der Geliebte in der Liebe Jesu die Liebe des Vaters. In ihr ist er in der Liebe Jesu geliebt; darin wird sein Mittleramt sichtbar. Weil Jesus lieb haben auf sein Wort hören und es bewahren heißt, darum ist der, den dieses Wort zur Liebe in Jesus bewegt, hineingenommen in die volle Gemeinschaft des Vaters und des Sohnes, während der sich Verschließende sich selbst aus der Gemeinschaft ausschließt.

III. Sehen und Glauben anhand der Ostergeschichte

Auch die Ostergeschichte steht unter dem Aspekt von Zeichen- und Wortglaube. Sie will deshalb von Kapitel 20, Verse 30 und 31 aus betrachtet werden und den personhaften Anschluss an den, der das Wort ist, nochmals deutlich machen. Man darf dabei nicht vergessen, dass die Jünger nach dem Tode Jesu keinen Glauben mehr hatten und Jesus Christus sie erst wieder zum Glauben führen und ihnen deshalb als der Auferstandene begegnen musste.

»Noch viele andere Zeichen tat Jesus vor seinen Jüngern, die nicht geschrieben sind in diesem Buch« (gemeint ist das Johannes-Evangelium). »Diese aber sind geschrieben, dass ihr glaubt, dass Jesus der Christus ist, der Sohn Gottes, und damit ihr durch den Glauben das Leben habt in seinem Namen« (Joh 20, 30.31).

Diese neue Hinführung zum Glauben wird an den vier Ereignissen dargestellt: am Grab Jesu am Lieblingsjünger und Petrus, ebenfalls an Jesu Grab an Maria Magdalena, am Osterabend vor den zehn Jüngern und acht Tage darauf an Thomas.

Vom Lieblingsjünger heißt es: »Und er sah und glaubte« (20, 8). Für ihn war das Gesagte Zeichen, das auf Jesu Auferstehung hinweist. Er nimmt das Zeichen wahr und glaubt. Dieser Glaube haftet allein am Zeichen, wird aber zum Wortglauben geführt, wenn Jesus Christus den Seinen im Jüngerkreis begegnet.

Bei Maria Magdalena vermögen alle diese Zeichen keinen Glauben zu erwecken. Erst als der Auferstandene sie mit ihrem Namen anspricht, antwortet sie mit dem glaubensvollen »Rabbuni« und bekennt vor den Jüngern: »Ich habe den Herrn gesehen.« – »Der Osterglaube entspringt aus der die menschliche Existenz in ihrer Mitte treffenden Anrede, die die personale Gemeinschaft herstellt« (W. Grundmann).

Zum ersten Mal teilt Jesus mit seinen Jüngern den Vaternamen Gottes und nennt sie seine Brüder. Das also ist vollbracht, »die in Wort und Glauben gestiftete Gemeinschaft ist durch seine Hingabe in den Tod unverbrüchlich geworden und enthält für sie wie für ihn ewiges Leben« (W. Grundmann).

Als Jesus Christus den Jüngern begegnet (Kap. 20, 19.20), grüßt er sie: »Friede sei mit euch! Und er zeigte ihnen seine Hände und seine Seite … Da wurden die Jünger froh, dass sie den Herrn sahen.« Bei dieser Begegnung fehlte Thomas.

Auf das Zeugnis der Jünger »Wir haben den Herrn gesehen!« will Thomas nicht glauben. Nur wenn er sich selbst durch Sehen und Betasten der Leidensmerkmale von der Wirklichkeit des Auferstandenen überzeugen kann, will er glauben.

Über acht Tage tritt der Auferstandene wieder in den Jüngerkreis, in dem auch Thomas ist, grüßt sie mit seinem »Friede sei mit euch!« und fordert Thomas auf, ihn zu betasten und gläubig zu sein. Der Auferstandene fordert Thomas zu einem gläubigen Sehen bzw. Betasten auf.

Ist für den Evangelisten schon der irdische Jesus nur für den Glauben sichtbar als der Christus, so gilt das erst recht für den auferstandenen. Wäre also Thomas der Aufforderung seines Herrn ungehorsam und ungläubig geblieben, so hätte er in der Begegnung mit dem Auferstandenen nicht den Auferstandenen selbst erkannt. Er wäre blind geblieben. So aber werden seine Augen geöffnet, sein zweifelndes Herz überwunden, so dass sein Sehen ein Sehen des Glaubens, ein gläubiges Sehen ist. Der Glaube ist somit die Überwindung des Zweifels. Beide, Nathanael und Thomas, werden überwunden durch die durchschauende Kraft des Wortes Jesu. Thomas spricht ja das höchste Glaubensbekenntnis, das es für den vierten Evangelisten geben kann: »Mein Herr und mein Gott« (Vers 28). Wir lesen nicht, ob Thomas nun wirklich betastet hat. Das ist auch nicht das Entscheidende. Das Entscheidende ist sein gläubiges Schauen, das in seinem Bekenntnis zum Ausdruck kommt. So kann man in dem Wort des Auferstandenen, das dem Bekenntnis des Thomas folgt, nicht nur einen Tadel sehen: »Selig sind, die nicht sehen und doch glauben«

(Vers 29). Denn nicht nur Thomas, sondern auch die anderen Jünger – mit Ausnahme vom Lieblingsjünger des Herrn, der allein angesichts des leeren Grabes glaubte – kommen zum Glauben, indem sie sich auf sinnfällige Weise von der Gegenwart des Auferstandenen überzeugen durften. Es ist ja kein grundlegender Unterschied zwischen dem Sehen der Jünger, dem Hören der Maria und dem Betasten des Thomas. Thomas bekam somit nichts anderes gewährt als die anderen Jünger auch.

Alle Jünger waren ja – wie bereits erwähnt – nach dem Tode des Herrn ungläubig und zweifelten und sind erst durch das gläubige Sehen bzw. Betasten des Auferstandenen zum Glauben gekommen. Die besondere Bedeutung der Thomasgeschichte liegt unter anderem darin, dass sie eindeutig ausspricht, dass der Auferstandene kein anderer ist als der Gekreuzigte.

Wir haben es in der Ostergeschichte mit einem gläubigen Sehen zu tun. Dazu bemerkt ein Ausleger: »Dass der Glaube der Nichtsehenden besser, wertvoller sei als der Glaube derer, die aufgrund ungeforderten Sehens geglaubt haben, wird nirgends gesagt.« Das einmalige gläubige Sehen kommt den auserwählten ersten Zeugen, das Glauben ohne Sehen den folgenden Generationen zu. »Beide sind echt Gläubige« (Wenz).

In der Lage der Letzteren befinden auch wir uns, die Leser des Evangeliums, die in Kapitel 20, 31 direkt angesprochen werden und zwar im Hinblick auf unseren Glauben; »damit ihr glaubt«, aufs Wort der Zeugen hin »und durch den Glauben das Leben habt in seinem Namen«. So ist Johannes 20, 29 keine absolute Kritik an Thomas, sondern zeigt auf die Situation, in der wir heute stehen. Sie führt uns in die Glaubensentscheidung – damals wie heute –, und wir dürfen wissen: Jesus Christus hat sich für uns entschieden! Jesus spricht zu Thomas: »Weil du gesehen hast, darum glaubst du. Selig sind, die nicht sehen und doch glauben!«

Die Hochzeit zu Kana

Gastfreundschaft annehmen — bereit sein für
den Zeitpunkt — das heimliche Ja unter dem Nein
hören und ergreifen — tun, was uns gesagt
wird — aufs Wort glauben.

»Zwei Tage darauf wurde in dem Dorf Kana in Galiläa
eine Hochzeit gefeiert. Maria, die Mutter Jesu war dort,
und auch Jesus hatte man mit seinen Jüngern eingeladen.
Während des Festes stellte sich heraus, dass der Wein nicht
ausreichte. Da sagte Maria zu ihrem Sohn: »Es ist kein
Wein mehr da!« Doch Jesus antwortete: »Was kommst du
mit solchen Dingen zu mir! Die Zeit zu helfen ist für mich
noch nicht gekommen!« Trotzdem sagte seine Mutter zu
den Bediensteten: »Was immer er euch aufträgt, das tut!«
   Nun gab es im Haus sechs steinerne Wasserkrüge. Man
benutzte sie für die vom Gesetz geforderten Waschungen.
Jeder von ihnen fasste achtzig bis hundertzwanzig Liter.
Jesus forderte die Leute auf: »Füllt die Krüge mit Wasser!«
Und sie füllten die Gefäße bis zum Rand. Dann ordnete
er an: »Jetzt bringt dem Küchenchef eine Probe davon!«
Dieser probierte den Wein, der vorher Wasser gewesen
war. Er wusste allerdings nicht, woher der Wein kam. Nur
die Diener wussten Bescheid. Da rief er den Bräutigam zu
sich und sagte vorwurfsvoll: »Jeder bietet doch zuerst den
besten Wein an! Und erst später, wenn alle schon genug

getrunken haben, kommt der billigere Wein auf den Tisch. Aber du hast den besten Wein bis jetzt zurückgehalten!« Dieses Wunder geschah in Kana. Dort in Galiläa zeigte Jesus zum ersten Mal seine göttliche Macht. Und seine Jünger glaubten an ihn.« (Johannes-Evangelium, Kapitel 2, Verse 1-11)

Zunächst ein paar Vorbemerkungen zum Text:

1. Der letzte Vers unseres Berichts ist sozusagen die Überschrift für diesen Bericht: » Dieses Wunder geschah in Kana. Dort in Galiläa zeigte Jesus zum ersten Mal seine göttliche Macht. Und seine Jünger glaubten an ihn.«

Johannes will die Macht von Jesus bezeugen; seine Herrlichkeit soll aufleuchten, so wie er es ein Kapitel vorher herausstellt: »Gottes Sohn wurde Mensch und lebte unter uns Menschen. Wir selbst haben seine göttliche Herrlichkeit gesehen, wie sie Gott nur seinem einzigen Sohn gibt. In Christus sind Gottes Barmherzigkeit und Liebe wirklich zu uns gekommen« (Joh 1, 14).

Dieses Wort Herrlichkeit meint »Großartigkeit«, »Ehre«, »Einzigartigkeit«. Die Gewichtigkeit von Jesu Kommen als Gottes Sohn in diese Zeit und Weltgeschichte wird dokumentiert. Das ewige Wort, das von Anfang an gewesen ist (Joh 1, 1 ff), nimmt menschliche Gestalt an. Die Fleischwerdung des Wortes Gottes findet statt. So können wir Gott, den Schöpfer und Vater, der in einer Herrlichkeit wohnt, die niemand sehen kann, schauen, verstehen und lieben lernen. Jesus sagt: »Wer mich sieht, der sieht den, der mich gesandt hat« (Joh 12, 45).

Gottes Gnade wird uns dadurch zuteil. Er naht sich uns Menschen. Er wird zum »heruntergekommenen Gott«.

»Gott wird Mensch, dir Mensch zugute. Gottes Kind,

das verbindet sich mit unserem Blute« (Paul Gerhardt, 1607-1676).

Ziel dieser Aktion Gottes ist, dass die Jünger an Jesus als Sohn Gottes glauben lernen. Und sie tun es.

2. Wenn wir von Wundern sprechen, blicken wir vornehmlich auf die Mechanik des Geschehens. Es interessiert, wieso aus Wasser Wein werden kann oder wie man mit einigen Broten und Fischen Tausende von Menschen speisen kann (Joh 6).

Wunder sind Zeichen. Bei Zeichen fragen wir danach, was uns mit dem Geschehen gesagt werden soll. Ein Zeichen sieht man nicht nur; wenn wir es recht verstehen, hören wir die in ihm verborgene Sprache.

Wunder oder Zeichen offenbaren Gottes Macht und Einzigartigkeit. Sie laden dazu ein, unter einem geöffneten Himmel zu leben (Joh 1, 51) und Anteil am Leben Gottes zu haben (Joh 2; 6; Röm 15, 19). Gott ist in seinem Sohn Jesus Christus Leben spendend unter seinen Jüngern. Darauf weist Jesus hin: »Und das sage ich euch allen: Ihr werdet den Himmel offen und die Engel Gottes hinauf- und herabsteigen sehen zwischen Gott und dem Menschensohn.«

Die folgenden von Johannes berichteten Wunder veranschaulichen das: Gesundheit nach 30 Jahren Krankheitsnot; Sehen für einen Blindgeborenen; neue Lebenszeit für den früh verstorbenen Lazarus; und in unserem Bericht: Wein in Fülle zum Hochzeitsfest.

Gott und Wunder gehören zusammen. Über ein Wunder kann man weder spekulieren noch diskutieren. Ein Wunder will geglaubt sein! Entweder man glaubt es oder man glaubt es nicht. Doch erst, wenn man es glaubt, erlebt man es in Wirklichkeit. Im Vollzug des Gehorsams Gottes

Wort und Geist gegenüber erfährt man seine Realität (Lk 10; Mt 14).

Wer zuerst versucht, das Wissen zu ermitteln und dann zu glauben, begibt sich auf einen Irrweg, der in einer Sackgasse endet. Denn er weiß letztlich nichts vom Glauben. Das gilt besonders für unsere Beziehung zu Jesus Christus. Der Grund unseres Glaubens an Jesus ist nicht ein festgestellter Jesus, sondern Jesus Christus in der Verkündigung der Glaubenden. Ein Jesus, der neutral, ohne den Glauben sozusagen, herauspräpariert wurde, kann uns nichts über den Glauben lehren. Nur der Glaube an Jesus und sein wunderbares Handeln enthält das volle Zeugnis. Wunder sind der Hinweis auf den lebenden Gott, der sich im Gespräch mit ihm bewegen lässt, Gegebenheiten zu ändern, schöpfungsmäßige Gesetzmäßigkeiten für einen gewissen Zeitraum außer Kraft zu setzen und Neues zu wirken.

Der Psalmist sagt es so: »Wenn er spricht, so geschieht es; wenn er gebietet, so steht's da« (Ps 33, 9).

Ein Führwahrhalten ist hier zu wenig. Es gehört gewiss dazu, aber es ist nicht alles. Es geht um die Willensentscheidung, Gottes und Jesu Wort zu vertrauen gegen alles Meinen, gegen alle »Wenn und Aber«. Denn: »Wunder sollen schauen, die sich auf Gottes Wort verlassen und ihm trauen« (Philipp Spitta, 1801-1859).

3. Wunder dürfen nicht »des Glaubens liebstes Kind« sein. Sie sind gnädige, liebevolle Hilfe zum Glauben-Lernen (Joh 12, 37; 20, 30 f), wie es Jesus dem Thomas später einmal sagt: »Du glaubst, weil du mich gesehen hast. Wie glücklich können erst die sein, die nicht sehen und trotzdem glauben.«

Und wie es Johannes am Ende seines Evangeliums schreibt:

»Die Jünger erlebten noch viele andere Wunder, die nicht in diesem Buch geschildert werden. Aber die hier aufgezeichneten Berichte wurden geschrieben, damit ihr glaubt, dass Jesus Christus der Sohn Gottes ist, und ihr durch den Glauben an ihn das ewige Leben habt.«

Wunder brauchen uns kein Problem zu sein. Auch wenn wir heute in einer Zeit der Überspannung leben. Die einen sind »wundersüchtig«. Sie meinen, mit Methoden und/oder seelischen Kapriolen einen Wunderglauben »machen« und damit Gott sozusagen in den Griff bekommen zu können (Apg 8, 9; Mt 12, 38 ff; Joh 4, 48).

Die anderen sind »wunderflüchtig«. Sie verzichten von vornherein auf außergewöhnliche göttliche Machtweise und erwarten Gottes Handeln – wenn überhaupt – nur in den Bahnen der Normalität, in denen die Dinge des Lebens sich eben so ereignen (Mt 9, 23-24).

Zu wenig wagt man es, kontrafaktisch zu glauben, d. h. den Glauben als Machtfaktor anzusetzen gegen die Fakten der Welt, die lebenszerstörend und nicht heilsam sind. Man erfährt deshalb auch nicht mehr das Eingreifen Gottes in die konkrete Lebenswirklichkeit, das negative weltimmanente Kausalitäten, denen Menschen anscheinend hilflos ausgeliefert sind, einfach zersprengt und neue Lebensmöglichkeiten eröffnet (Joh 11, 40).

In Ermangelung von Glaubensvollmacht, die gegen den Augenschein Gottes Wort und Geist vertraut, fügt man sich stattdessen in die Kausalitätskette und benutzt das Gebet, das Gespräch mit Gott, lediglich dazu, aus ihm Hilfe zum Ertragen jener Lasten zu ziehen, die uns nun eben einmal auferlegt zu sein scheinen (Jak 1, 12). Die Frage stellt sich sehr zugespitzt an uns: Glauben wir, was wir beten? Beten, erwarten wir, was wir glauben?

Im Bericht vom Weinwunder zu Kana geht es darum, dass wir ermutigt werden zum Gottvertrauen, zum kontrafaktischen Beten, zum Erwarten, dass Jesus Christus auch in den »Hoch- Zeiten« unseres Lebens als der Gebende und Segnende von uns gesehen werden soll und will und wir darüber froh und dankbar werden, dass es für uns heißt: Wunder sind mir kein Problem.

Nun zu unserem Text:

»Zwei Tage darauf wurde in dem Dorf Kana in Galiläa eine Hochzeit gefeiert.«

Unser Bericht beginnt mit einer genauen Datierung »Zwei Tage darauf ...« oder wie es in anderen Übersetzungen heißt: »Am dritten Tag ...«. Gemeint ist nach jener denkwürdigen Begegnung, bei der Andreas und Petrus, Philippus und Nathanael in Jesu Nachfolge gekommen sind und Johannes der Täufer auf Jesus als das »Lamm Gottes, welches der Welt Sünde trägt«, hinweist. Kana in Galiläa (Joh 4, 46 und 21, 2) ist der Ort, aus dem Nathanael stammt. Vielleicht hat er die Einladung an Jesus und seinen Kreis vermittelt; andere vermuten verwandtschaftliche Beziehungen zwischen Maria und dem Hochzeitshaus.

»Maria, die Mutter Jesu war dort, und auch Jesus hatte man mit seinen Jüngern eingeladen.«

Es wäre auch denkbar, dass Jesus, nachdem wir von Josef, dem Vater, nichts mehr lesen (Mt 12, 46, Mk 3, 21.31), als ältester Sohn der Familie zur Hochzeit eingeladen ist. Da seine Jünger mit erwähnt werden, ist damit zu rechnen, dass er bereits als Rabbi, als Lehrer auftritt.

Gastfreundschaft wird im Orient groß geschrieben, so dass wir die Einladung Marias, Jesu und der Jünger als Selbstverständlichkeit innerhalb einer freundschaftlichen

Beziehung ansehen können. Man feiert miteinander, ist miteinander ungezwungen fröhlich.

1. Leitsatz
Von Jesus Seelsorge lernen heißt:
Gastfreundschaft unverkrampft annehmen.

Gehen wir in unserem Text weiter, Vers 3:

»Während des Festes stellte sich heraus, dass der Wein nicht ausreichte. Da sagte Maria zu ihrem Sohn: ›Es ist kein Wein mehr da!‹«

Warum der Wein vorzeitig ausgeht, wird nicht berichtet. Wenn Maria und Jesus zur Verwandtschaft gehören, ist auch verständlich, warum sich Maria um Fragen der Bewirtung kümmert. Aber warum wendet sie sich an Jesus? Meint sie, er weiß vielleicht weiter? Das erste Wunder soll doch erst noch geschehen! Ist es das Vertrauen der Mutter zum Sohn, bei diesem Rat zu finden? Ich kann mir bei der Diktion des Johannes vorstellen, dass er damit nichts anderes beabsichtigt, als die Aufmerksamkeit des Lesers auf Jesus zu lenken. Um ihn geht es ja letztlich in dieser Geschichte. Alles andere ist nur Beiwerk. Seine Einzigartigkeit und Macht soll aufleuchten und groß werden. Jesu Antwort macht stutzig. Sie erscheint wie eine Rüge, abweisend, ja wie eine Zurechtweisung.

»Doch Jesus antwortet ihr: ›Was kommst du mit solchen Dingen zu mir? Die Zeit zu helfen ist für mich noch nicht gekommen!‹«

Man könnte die Antwort Jesu auch mit den Worten wiedergeben: »Was haben wir gemeinsam?« Deine Gedanken, deine Wünsche und Erwartungen sind ganz anders als die meinen. Du siehst, was jetzt vor deinen Augen ist: die leeren Weinkrüge. Ich schaue tiefer, weiter. In meinem Denken ist, was bereits Johannes der Täufer vorausgesagt hat:

»Ich taufe mit Wasser. Aber mitten unter euch lebt schon der, auf den wir warten. Ihr kennt ihn nur noch nicht. Er kommt nach mir, dann ist meine Aufgabe erfüllt ... Seht, das ist Gottes Opferlamm, das die Sünden aller Menschen hinwegtragen wird ... Gott, der mir den Auftrag gab, mit Wasser zu taufen, sagte zu mir: Wenn du den Geist auf jemanden herabkommen und bei ihm bleiben siehst, dann weißt du, dass er es ist, der mit dem Heiligen Geist tauft. Und weil ich das gesehen habe, kann ich euch bezeugen: Dieser Mann ist Gottes Sohn« (Joh 1, 26-27.29.33.34).

Das will Jesus mit seinem ersten Wunder bezeugen: Es geht bei meinem Ruf zu Gott im Vergleich zum Ruf des Johannes des Täufers um eine andere Qualität, wie im Vergleich von Wasser und Wein. Hier haben wir ein Beispiel für das, was ich eingangs sagte: Der Begriff »seine Stunde« wird zum Zeichen, das auf Jesu Leiden und Sterben hinweist (7, 30; 8, 20; 12, 27; 17, 1). Aber wir können das auch ganz allgemein verstehen: »Seine Stunde« ist für ihn immer Gottes Stunde, also der Zeitpunkt, an dem er in Gottes Auftrag handeln kann. Daher verwehrt er seiner Mutter die Leitung. Er ist nicht mehr in erster Linie ihr Sohn, der aus Verlegenheit hilft, menschliche Wünsche zu erfüllen.

Dies müssen wir uns immer wieder vergegenwärtigen, wenn wir unsere Bitten vor ihn bringen. Es geht dabei nicht in erster Linie um die Erfüllung unserer Erwartungen. Jesus ist nicht primär der Nothelfer in unseren prekären Lebenslagen, über den wir im Gebet verfügen könnten, der unseren Bitten, unseren Hinweisen Folge leisten müsste, und doch können wir seiner Zuwendung und seiner Gnade für immer gewiss sein.

»Trotzdem sagte seine Mutter zu den Bediensteten: »Was immer er euch aufträgt, das tut.«

Maria ist feinfühlig und einsichtig zugleich. Sie akzeptiert Jesu Zurechtweisung und bleibt doch in der Hoffnung auf seine Hilfe. Wir haben hier ein ähnliches Verhalten wie bei der kanaanäischen Frau (Mt 15, 21-28), die trotz der Abweisung ihres Anliegens Jesus mit ihrer Bitte weiter bedrängt.

Marias »trotzdem« weist in diese Richtung. Sie hofft weiter: Er kann helfen. Er wird helfen, wenn »seine Stunde« gekommen ist. Der Zeitpunkt, der Kairos, ist »noch nicht«, wie Jesus sagt, reif. Jetzt noch nicht, aber ...

2. Leitsatz
Von Jesus Seelsorge lernen heißt:
»Hilft er nicht zu jeder Frist, hilft er doch, wenn's nötig ist.« — Unsere Aufgabe ist, bereit zu sein für den Zeitpunkt, da Gott seine Herrlichkeit offenbaren will.

Wir kommen zu Vers 6 in unserem Textabschnitt:
»Nun gab es im Haus sechs steinerne Wasserkrüge. Man benutzte sie für die vom jüdischen Gesetz geforderten Waschungen. Jeder von ihnen fasste achtzig bis hundertzwanzig Liter.«

Der Reinigungsritus (Mt 15, 1-20; Mk 7, 1-4) bestand darin, dass man vor dem Beginn der Mahlzeit sich etwas

Wasser über die Hände goss. Dabei ging es allerdings nicht um eine hygienische, sondern um eine kultische Sauberkeit. Dass das Wasser verbraucht ist, zeigt, dass es eine große Hochzeitsgesellschaft war, die sich eingefunden hatte.

Gut ist, um keine falschen Vorstellungen über den Weingenuss aufkommen zu lassen, wenn wir uns vergegenwärtigen, dass eine jüdische Hochzeitsfeier acht Tage dauerte und Tag für Tag neue Gäste aus dem Dorf und aus der Verwandtschaft und Freundschaft kamen. Grundsätzlich hat jeder Anspruch auf Gastfreundlichkeit. Hier nun Pro- oder Kontra-Gedanken über den Alkoholgenuss anzubringen, ginge völlig an der Absicht des Textes vorbei.

3. Leitsatz
Von Jesus Seelsorge lernen heißt:
In seinen Antworten das »heimliche Ja unter dem Nein« (Luther) hören und ergreifen.

In Vers 7 gibt Jesus den Bediensteten den Befehl:

»Jesus forderte die Leute auf: ›Füllt diese Krüge mit Wasser!‹ Und sie füllten die Gefäße bis zum Rand. Dann ordnete er an: ›Jetzt bringt dem Küchenchef eine Probe davon!‹«

Eine für die Diener eigentlich unverständliche Anweisung Jesu. Nicht nur das Füllen der Krüge, sondern sie zum Kosten dem Speisemeister zu bringen. Doch sie sind Diener. Daher tun sie, was ihnen gesagt wird.

Auch wir verstehen nicht immer, was Jesus uns durch sein Wort sagen will. Doch ist es gut, wenn wir im Vertrauen darauf, dass er weiß, was er von uns verlangt, seinem Wort gehorsam sind. Denn nur im Vollzug des Gehorsams seinen Anweisungen gegenüber erleben wir, dass seine Worte sinnvoll sind.

»Am Anfang biblischer Wunder steht immer wieder das befehlende Wort, welches Unverständliches, ja Unmögliches verlangt und in der gehorsamen Befolgung des Befehls das Unmögliche wirkt und schenkt. Gottes wunderbares Handeln macht den Menschen nicht passiv, sondern erwartet seinen »Glauben«, nicht als einen Denkvorgang im Kopf, sondern als vertrauendes Gehorchen in der Praxis« (Werner de Boor).

4. Leitsatz
Von Jesus Seelsorge lernen heißt:
Im vertrauensvollen Gehorsam tun, was er sagt, auch wenn es unserer Logik entgegengesetzt ist.

Gehen wir zu Vers 9 weiter:

»Der Küchenchef probierte den Wein, der vorher Wasser gewesen war. Er wusste allerdings nicht, woher der Wein kam. Nur die Diener wussten Bescheid.«

Eigentlich ein Wunder, wie es Gott, der Schöpfer, ständig am Weinstock vollbringt. Dort aber erscheint es uns als »selbstverständlich«, weil über Monate heranreift, was hier in einem Augenblick geschieht. Geheimnisvoll, unter der Hand sozusagen, vollzieht sich das Wunder. »So er spricht, so geschieht's, so er gebietet, so steht's da!«

Gottes lebendiges Wort, Jesus Christus, wirkt Wunder, damals und heute. Die Frage ist, ob wir es glauben und glaubend für uns in Anspruch nehmen. Neu muss er uns die Augen, wohl erst die inneren und dann auch die wirklichen öffnen, dass wir seine Wunder neu schauen und ins Staunen und Anbeten kommen.

Die Diener sind unmittelbar Zeugen dieses Wunders, wogegen der Küchenchef total überrascht und verunsichert ist. So will er sich kundig machen.

»Da rief der Küchenchef den Bräutigam zu sich und sagte vorwurfsvoll: ›Jeder bietet doch zuerst den besten Wein an! Und erst später, wenn alle schon genug getrunken haben, kommt der billigere Wein auf den Tisch. Aber du hast den besten Wein bis jetzt zurückgehalten!‹«

»Quantum und Qualität der Weinspende werden zum Zeichen des umfassenden Hilfs- und Heilswillen Gottes. Gottes Herrlichkeit soll ja offenbar werden. Sie ist nicht mehr verborgen, sondern teilt sich dem Menschen in dem Offenbarer Jesus Christus mit. Der Offenbarung geht es immer um die Beziehung »Gott – Mensch«. Die dabei angewandten Mittel sind dann nur Mittel und nicht Selbstzweck« (Karl Beisiegel).

Es ist schon interessant, dass Johannes keine weiteren Reflexionen darüber anstellt, wie die Beteiligten auf das Wunder reagiert haben. Ob die Bediensteten z. B. begeistert waren, was die Hochzeitsgesellschaft dazu sagte, ob der Küchenchef versöhnt war – es ging ja menschlich gesprochen, um seine Berufsehre – oder welche Gedanken und Gefühle Maria bewegten, als sie erlebte, dass ihre Bitte von Jesus doch erfüllt wurde; was der Bräutigam antwortete.

Von allem schreibt Johannes nichts. Ihm geht es um etwas anderes. Was machen seine Hörer, seine Leser aus diesem Bericht? Diese Frage stellt sich uns. Was bedeuten uns Zeichen und Wunder? Weist doch das Zeichen auf unsere Reinigung durch Jesu Leiden und Sterben genauso hin wie auf seine Auferstehung, die uns neues Leben bringt. Als der Auferstandene ist er heute gegenwärtig. Wo er ist – und er ist als der Auferstandene in der Kraft des Heiligen Geistes heute gegenwärtig –, bedarf es der Reinigung im alten Sinne nicht mehr. Die alte Angst »es reicht nicht« ist zu Ende, vorbei. Er hat alles vollbracht, ist er doch gekommen, um Leben im Überfluss zu bringen (Joh 10, 10). Freude, Freiheit, Frieden treten an die Stelle von Trauer, Angst und Sorge, wie der Wein an die Stelle des Wassers.

»Gott lässt es in der Anfechtung bis zur letzten Not kommen; er verzieht mit seiner Hilfe und stellt den Glauben auf die Probe. Hier gilt es, Gott als Gott anzubeten und ihm die Ehre zu geben. Er gibt über Bitten und Verstehen« (Luther).

5. Leitsatz
Von Jesus Seelsorge lernen heißt:
Wir glauben nicht um der Wunder willen an Jesus, sondern um seiner selbst willen, der wunderbar handelt, und geben ihm darüber die Ehre und beten ihn an.

Nikodemus

Offen sein für Glaubensfragen — Glaubensfragen ernst nehmen und erklären — in die Entscheidung stellen.

»Einer von den Männern des jüdischen Gerichtshofes war der Pharisäer Nikodemus. Mitten in der Nacht kam er heimlich zu Jesus: »Meister«, sagte er, »wir wissen, dass Gott dich als Lehrer zu uns gesandt hat. Deine Taten beweisen: Gott ist mit dir.«

Darauf erwiderte Jesus: »Ich sage dir eins, Nikodemus: Wer nicht neu geboren wird, kann nicht in Gottes Reich kommen.« Verständnislos fragte der Pharisäer: »Was meinst du damit? Wie kann ein Erwachsener neu geboren werden? Er kann doch nicht wieder in den Mutterleib zurück und noch einmal auf die Welt kommen!«

Aber Jesus wiederholte nur: »Eine andere Möglichkeit gibt es nicht: Wer nicht umkehrt und durch Gottes Geist neu geboren wird, kann nicht in Gottes Reich kommen. Ein Mensch kann nur menschliches, vergängliches Leben zeugen; aber der Geist Gottes gibt das neue, ewige Leben. Wundere dich deshalb nicht, wenn ich dir gesagt habe: Ihr müsst neu geboren werden. Es ist damit wie beim Wind. Er weht, wie er will. Du spürst ihn auch, aber du kannst nicht erklären, woher er kommt und wohin er geht. So kann man auch nicht erklären, wie diese Geburt aus

Gottes Geist vor sich geht, obwohl jeder ihre Auswirkungen spürt.«

»Aber wie soll das nur vor sich gehen?«, fragte Nikodemus noch einmal. Jesus erwiderte: »Du bist doch einer der anerkannten Gelehrten in Israel und müsstest das eigentlich verstehen! Glaube mir: Wir reden nur von dem, was wir genau kennen. Und was wir bezeugen, das haben wir auch gesehen. Trotzdem nehmt ihr unser Wort nicht ernst. Ihr glaubt mir ja nicht einmal, wenn ich von ganz alltäglichen Dingen rede! Wie werdet ihr mir dann glauben, wenn ich euch erkläre, was im Himmel geschieht? Und doch kann nur der Menschensohn, der vom Himmel gekommen ist, vom Himmel sprechen.« (Johannes-Evangelium, Kapitel 3, die Verse 1-13)

Unsere Stichworte:
– Offen sein für Glaubensfragen.
– Glaubensfragen müssen erklärt werden.
– Glaubensfragen ernst nehmen.
– In die Entscheidung für oder gegen Jesus Christus stellen.

Gehen wir am Text entlang:
»Einer von den Männern des jüdischen Gerichtshofes war der Pharisäer Nikodemus ...«

In der Lutherübersetzung heißt es: »Es war aber ein Mensch unter den Pharisäern mit Namen Nikodemus, einer von den Oberen der Juden.«

Das kleine Wörtchen »aber« in dem Text weist auf einen Gegensatz hin, auf die Spannung von sehen und glauben. Am Ende des vorigen Kapitels (Kapitel 2, Verse 23-25) lesen wir:

»Während des Passahfestes in Jerusalem erlebten viele Menschen die Wunder, die Jesus vollbrachte, und glaubten deshalb an ihn. Aber Jesus vertraute ihnen nicht, weil er sie genau kannte. Ihm brauchte niemand zu sagen, mit wem er es zu tun hat, denn er wusste, was im Herzen eines jeden Menschen vor sich geht.«

Nikodemus ist ein angesehenes Ratsmitglied der höchsten jüdischen Gerichts- und Verwaltungsbehörde in Jerusalem; ein Mann, der sich aufrichtig an die Gebote Gottes hält, bemüht ist, sein Leben in ethischer und moralischer Hinsicht an biblischen Maßstäben auszurichten – also ein »rechtgläubiger« Mann.

»Mitten in der Nacht kam er heimlich zu Jesus.«

Nikodemus kommt heimlich bei Nacht. Verschieden wird diese Gegebenheit ausgelegt. Die einen betonen das »heimlich« und meinen: Er will nicht gesehen werden, anonym bleiben. Man braucht nicht zu wissen, dass ihn dieser Jesus mit seinem Leben und Lehren interessiert, ja beeindruckt. Andere Ausleger weisen darauf hin, dass die Nacht mit ihrer Ruhe die beste Möglichkeit für einen fruchtbaren Gedankenaustausch über tiefgreifende Fragen sein kann. Niemand stört einen. Vielleicht darf man auch noch einen anderen tiefgründigen Gedanken – sozusagen bildhaft – andenken: Da kommt ein »Umnachteter«, einer, der mit seinem Denken im Finstern tappt. Johannes, der Autor des Evangeliums schreibt ja am Anfang: »Das Licht scheint in der Finsternis und die Finsternis hat's nicht ergriffen« (Joh 1, 5).

Da prallen zwei Welten aufeinander: Licht und Finsternis, Wissen und Erkenntnis. Das folgende Gespräch zwischen Jesus und Nikodemus macht das sehr deutlich:

»Meister«, sagte Nikodemus, »wir wissen, dass Gott

dich als Lehrer zu uns gesandt hat. Deine Taten beweisen: Gott ist mit dir.«

1. Leitsatz
Von Jesus Seelsorge lernen heißt:
Offen sein für Glaubensfragen.

Nikodemus beginnt ein Lehrgespräch mit Jesus. Freundlich, mit menschlicher Sympathie für Jesus, wählt er seinen Einstieg. Er ist von Jesus angetan. Er ist ihm sympathisch. Doch der Glaube, der nur auf Wundern, Zeichen und Taten beruht, ist nicht der Lebensgrund für eine persönliche Beziehung zu Jesus.

Mit der Anrede »Meister« (= Rabbi) offenbart Nikodemus sein Denken. Er will Jesus indirekt klar machen: Du bist ein Lehrer Israels, aber mehr nicht! Oder willst du mehr sein?! Willst du denen zustimmen, die meinen, du seiest Christus, der Messias?

Viele Menschen gleichen in diesem Denken Nikodemus. Für sie ist Jesus Vorbild, Idol, vielleicht sogar ein Ideal, der Humanist schlechthin, der Sozialreformer. Wer so wie Jesus Gutes tut, die Menschen liebt, der kann doch nicht Gott zum Feind haben. Da kommt schon biblisches Kopfwissen zum Tragen. Nikodemus kennt sich aus: »Wir wissen ...« Er hat sich mit anderen (s)eine Meinung gebildet und will damit Jesus auf den Prüfstand stellen. An ihrem Wissen, an ihrer Meinung über ihn soll er gemessen und letztlich beurteilt werden: Wir können in dir schon einen Lehrer Israels sehen, aber mehr nicht (Joh 7, 40-52).

Der Fortgang des Gesprächs zwischen Jesus und Nikodemus zeigt, wie Nikodemus gar nichts »weiß«. Wissen, im Sinne der Bibel, ist eine von Gott gewirkte Erkenntnis, eine Einsicht in tiefere göttliche Dimensionen. Es ist Weisheit. Das Wissen des Nikodemus ist mit Finsternis umhüllt. Jesus macht ihn darauf aufmerksam. Darum geht er auch nicht auf diese versteckte Frage des Nikodemus ein, wenn er erwidert: »Ich sage dir eins, Nikodemus: Wer nicht neu geboren wird, kann nicht ins Reich Gottes kommen.«

Jesus trifft eine eindeutige, unumstößliche Feststellung. An seiner eindeutigen Antwort gibt es nichts zu deuteln. Sie ist auch letztlich nicht nach eigenem Belieben auslegbar. Sie steht fest. Doch Nikodemus versteht sie völlig falsch. Das zeigt wiederum, wie sein Wissen begrenzt ist. Er und seine Kollegen, in deren Namen er ja spricht, wenn er »wir« sagt, meinen zu »wissen«. In Wirklichkeit aber verstehen sie die großen Taten Jesu, die er wirkt, nicht als Legitimation des lebendigen Gottes, als Anbruch des Reiches Gottes in dieser Welt. Das Reich Gottes beginnt hier und heute in einem jeden Menschenleben, das sich Gottes Anspruch und Zuspruch öffnet, und vollendet sich in der Ewigkeit. Kein eigenes Denken öffnet den Blick, gibt Licht, um zu erkennen, was Jesus wirkt. Johannes weiß das: »Das Licht scheint in der Finsternis, aber die Finsternis hat's nicht ergriffen.«

Hier gilt: »Als die Sehenden und doch blind!« Erkenntnis, dass Jesus Gottes Sohn, der Christus ist, ist Geschehen »von oben«, von dem »Vater des Lichts«. Wer sich dem öffnet, dem geht ein Licht auf! Da wird man »neu geboren«! Das ist keine Vertiefung eigenen Denkens, sondern da kommt man unter den Einfluss – weil man sich öffnet – eines neuen Geistes, des Geistes Gottes. Doch dazu leistet man selbst nichts. Es ist ein Gnadengeschenk.

Gott naht sich aus freien Stücken. Damit trifft Jesus den kritischen Punkt im Denken des Nikodemus, denn dessen Religiosität ist von Selbstgerechtigkeit und Selbstrechtfertigung – (er fertigt sich sein Recht selbst!) – geprägt. Er meint durch fortschreitende ethische und moralische Leistung wäre bzw. würde er schon richtig vor Gott. Nur so ist seine Rückfrage zu verstehen:

»Verständnislos fragte der Pharisäer: Was meinst du damit? Wie kann ein Erwachsener neu geboren werden? Er kann doch nicht wieder in den Mutterleib zurück und noch einmal auf die Welt kommen!«

2. Leitsatz
Von Jesus Seelsorge lernen heißt:
Glaubensfragen müssen erklärt werden.

Nochmals zurück zur Frage des Nikodemus: »Was meinst du damit? Wie kann ein Erwachsener neu geboren werden? Er kann doch nicht wieder in den Mutterleib zurück und noch einmal auf die Welt kommen?«

Nikodemus denkt ganz »natürlich«. Er kann es sich nicht vorstellen, nochmals an seinen Geburtsursprung zurückzukehren. »Geistlos« ist seine Frage, auch wenn er durch sein Fragen meint, »geistreich« zu reagieren. Bis heute ist der Mensch versucht, diese Antwort Jesu »Wer nicht neu geboren wird, kann nicht in Gottes Reich kommen« mit menschlichem Wissen einleuchtend machen zu können, und bleibt dabei doch im Dunkeln stecken.

Wir leben, wie damals Nikodemus, auch heute in einer religiösen Zeit. Unsere Gesellschaft hat Sehnsucht nach Licht, Erkenntnis, Einsicht, Durchsicht, Weitsicht; Sehnsucht, noch einmal geboren zu werden, noch einmal von vorne anfangen zu können. Aber das ist ein unmöglicher Traum. Sein Stichwort heißt Reinkarnation. Die Anhänger dieser Lehre nehmen ständig zu.

Der inzwischen verstorbene Münchener Professor Dr. Adolf Köberle, der sich als einer der feinfühligsten Experten auf diesem Gebiet erwiesen hat, sagt dazu:

»Die Überzeugung, dass das gegenwärtige Dasein nicht das erste und nicht das letzte Leben ist, wird begünstigt durch den Einstrom ostasiatischer Religionen in das Abendland. Die Parapsychologie beschäftigt sich nicht nur mit den geheimnisvollen Kräften der immanenten Seele, sie zieht auch die postmortale Existenz, die Existenz nach dem Tod, in ihren Forschungsbereich mit ein und schafft dadurch Raum für die Denkmöglichkeit einer Wiederkehr. Die Anthroposophie bekennt sich zu der Überzeugung von einem wiederholten Erdenleben. Die New-Age-Welle hat in ihrem breit gefächerten Synkretismus auch die Seelenwanderung mit aufgenommen. Neben den organisierten Gruppen steht ein Heer von Gleichgesinnten, die von der Gewissheit erfüllt sind: Wir leben nicht nur einmal. Sie berufen sich für ihre Schau auf eine Vielzahl großer Dichter und Denker in Vergangenheit und Gegenwart.

Der Glaube an die Seelenwanderung und die christliche Zukunftserwartung haben eines miteinander gemeinsam. Sie sind beide von der Gewissheit durchdrungen: Es ist in alle Ewigkeit nicht gleichgültig, was wir aus unserem Leben machen, was wir in die jenseitige Welt mit hinübernehmen. Wenn wir uns vor Augen halten, wie oberflächlich, rein diesseits orientiert, wie sinnengierig, geld- und machthungrig die Mehrzahl aller Menschen dahinlebt, dann erscheinen Reinkarnation und christlicher Glaube wie zwei Geschwister, die nebeneinander zu stehen kommen. Beide sind von der Gültigkeit des biblischen Wortes durchdrungen: ›Irret euch nicht, Gott lässt sich nicht spotten; denn was der Mensch sät, das wird er ernten‹ (Gal 6, 7). Der Zusammenhang von Anfang und Ende wirkt sich nicht nur im irdischen Zeitverlauf aus, das heilig ernste Gesetz gilt auch im Blick auf das Leben nach dem Tod. Die Gemeinschaft mit Christus, die der Tod nicht aufzuheben vermag, ist nach christlicher Überzeugung ein reines Gnadengeschenk.

Wer sich dagegen zur Reinkarnation bekennt, sieht sein Leben in Vergangenheit, Gegenwart und Zukunft unter die Herrschaft des ›Karma‹ gestellt. ›Karma‹ bedeutet den Gesamtinhalt eines Lebens in Gedanken, Wort und Werken. Es gibt ein gutes und ein schlechtes Karma. Es kann bei dem Vorgang der Wiederverkörperung zu Aufstieg oder Abstieg kommen. Wer davon durchdrungen ist, wird gewiss an sich selbst arbeiten; er wird bemüht sein, anderen beizustehen, die mit einer leidvollen Schicksalslast ihren Weg gehen müssen.

Bei aller Gemeinschaft im ethischen Idealismus bleibt die Frage ungelöst und unbeantwortet: Wird diese ›Veredelung‹ durch Arbeit am Charakter, durch Samaritertätigkeit an zurückgebliebenen Geschöpfen jemals einen solchen Grad von Vollkommenheit erreichen, dass sich die Tür in das Nirwana, in das Reich des Lichtes und des Friedens auftut? Wie steht es mit dem Freigewordensein von Selbstliebe, Selbstgefälligkeit, Eitelkeit, Ehrgeiz und Neid? Wer bei Paulus und Augustin, bei Pascal und Kierkegaard in die Schule gegangen ist, der weiß: Die Wurzel des Radikal-Bösen gehört aufgrund des seit Adam bestehenden Zusammenhangs zur Grundstruktur eines jeden Menschen, der geboren wird. Das Leben verstrickt uns alle jedesmal aufs Neue in Schuld, Schwäche und Niederlagen. Niemals sind wir nur Sieger im Kampf gegen die Trägheit, gegen den Ansturm der Geschlechtlichkeit. Wie können Müdigkeit und Traurigkeit die Seele in den hohen Lebensjahren belasten! So wird die sittliche Arbeit im Streben nach oben nie an ein Ende kommen. Ist es darum nicht besser, wir gründen unser ewiges Heil auf das Erbarmen Gottes, das uns Jesus Christus verbürgt und besiegelt hat?

Zahlreiche Untersuchungen zur Geschichte des Urchristentums haben den Nachweis erbracht: Die Umwelt Jesu und der Apostel war keineswegs religionslos. Im Gegenteil, sie war ungeheuer reich an religiösen Angeboten. Immer und überall aber stand dabei die Erfüllung sittlicher Forderung und Leistung an erster Stelle. Der Mensch muss sich plagen und anstrengen. Er muss sich ethisch emporarbeiten. Dann, wenn er in der Richtung genug eingesetzt hat, kann es geschehen, dass Gott ihn gelten lässt und ihm an seiner lichten Gemeinschaft Anteil gibt. Demgegenüber ist das eigentlich Umstürzende im Evangelium die grundlose, bedingungslose Liebe Jesu zu den Verlorenen und Gefallenen, zu den Unwürdigen und Schuldiggewordenen. In den Worten und Taten Jesu erscheint eine gnadenhafte Liebeszuwendung zu aller gequälten Kreatur von irrationaler Art. Es gibt dazu in der ganzen Religionsgeschichte keine Parallele. Vor allem sollten wir uns klar machen: Eben wegen dieser Hingabe an die von ihrer Umwelt Geächteten musste Jesus den Weg an das Kreuz gehen. Hätte er die sittlichen Pharisäer noch überboten, man hätte ihn einer solchen rigorosen Steigerung angestaunt und bewundert. Dass er den Gefallenen gut war, das war unerträglich, das musste das ganze religiöse Verrechnungssystem sprengen, darum musste er beseitigt werden.

Die Gleichnisse Jesu sind voll von dem Paradox, dass Gott uns nicht nach unseren Taten vergilt, dass er sich vielmehr wie ein Vater über Kinder erbarmt. Dem unwürdigen Sohn wird bei der Heimkehr in das Vaterhaus ein Festmahl bereitet. Von dem untreuen Verwalter heißt es: »Da jammerte es den Herrn des Knechtes, und er ließ ihn los, und die Schuld erließ er ihm auch.« Der Urklang des Evangeliums ist die Botschaft von der vergebenden Liebe Gottes. Das Karma lehrt: Niemand kann uns von den Folgen unseres Tuns befreien. Niemand nimmt uns diese Kette ab. Christus dagegen spricht: ›Du darfst kommen, wie du bist‹ und ›Wer zu mir kommt, den will ich nicht hinausstoßen‹. Auch der Schächer am Kreuz mit seinem verderbten Leben wird nicht abgewiesen, als er sich vertrauensvoll an Jesus wendet mit der Bitte: ›Gedenke, Herr, meiner, wenn du in dein Reich kommst.‹ Man kann nicht gut beides auf einen gemeinsamen Nenner bringen. Man muss sich hier schon entscheiden, auf welchen Weg man sich verlassen will.«

Soweit Prof. Dr. Adolf Köberle.

Jesus meint etwas ganz anderes, als all die Religionsstifter und klugen Philosophen mit ihrer Reinkarnationslehre proklamieren. Nicht in immer wiederkehrenden Geburten liegt unser Heil, unsere Erlösung, unsere Versöhnung mit Gott. Es wäre grausam, durch immer wiederkehrende Geburten Versagen, Schuld, Unvollkommenheit ableisten zu müssen und dann jedesmal doch feststellen zu müssen: Es hat wieder nicht gereicht. Dieses: »Wer immer strebend sich bemüht, den können wir erlösen« ist Selbstbetrug. Erlösung im Sinne Gottes sieht – Gott sei Dank! – ganz anders aus!

3. Leitsatz
Von Jesus Seelsorge lernen heißt:
**Einwände, Zweifel, Nichtverstehen
ernst nehmen. Sie haben mit dem Glauben
zu tun.**

Zurück zu unserem Text:

»Aber Jesus wiederholte nur: »Eine andere Möglichkeit gibt es nicht: Wer nicht umkehrt, wer nicht aus Wasser und Geist neu geboren wird, kann nicht in Gottes Reich kommen. Ein Mensch kann immer nur menschliches, vergängliches Leben zeugen; aber der Geist Gottes gibt uns das neue, das ewige Leben. Wundere dich deshalb nicht, wenn ich dir gesagt habe: Ihr müsst neu geboren werden. Es ist damit wie beim Wind. Er weht, wie er will. Du spürst ihn auch, aber du kannst nicht erklären, woher er kommt und wohin er geht. So kann man auch nicht erklären, wie diese Geburt aus Gottes Geist vor sich geht, obwohl jeder ihre Auswirkungen spürt.«

Jesus wiederholt seine bereits gemachte Aussage: Es gibt die Tatsache der Neugeburt, des Neuanfangs. Nicht von vorne beginnen, nein: neu anfangen, neu geboren werden – durch Umkehr, durch Wasser und Geist.

»Wasser« ist der Hinweis auf die im Judentum bekannten Reinigungsvorschriften. Es geht um die von Johannes dem Täufer proklamierte »Ganzreinigung«. Nicht nur einzelne Waschungen sind nötig, sondern eine radikale Säuberung, eine Sinnesänderung, ein neues Denken, Sprechen und Handeln. Sie beginnt mit dem Ruf zur Buße und vollzieht sich im Gehorsam diesem Ruf gegenüber. Wer diesem Ruf folgt, der wird dem Wort Gottes, das die Bibel »Wasserbad« (Eph 5, 26) nennt, gehorsam und dadurch rein (Joh 15, 2.3). Dieses Wort des Lebens ist Leben, weil Jesus mit diesem Wort identisch ist. Jesus beginnt seine Verkündigung, seinen Ruf ins Reich Gottes mit den Worten: »Tut Buße« – ändert eure Gesinnung, denkt um –! Dazu gehört die Erkenntnis, das Eingeständnis dessen, der in Gottes Reich, in die Nachfolge Jesu eingehen will:

Ich schaffe dieses Umdenken aus eigener Kraft nicht. Mir gelingt es auch nicht, ein Gott wohlgefälliges Leben zu führen, seine Gebote zu halten. So sehr ich mich auch darum bemühe, ich versage! Ich brauche ein neues Herz und einen neuen Geist.

Jesus begründet diese Neugeburt auch. Wir sollen in sie »eingehen«, »kommen«, in und damit aus ihr leben! Ohne dieses Gezeugtsein aus Gottes Wort und Geist gibt es kein neues Leben. Darum sagt Jesus »ihr müsst!« Das ist zwingend, eine innere Notwendigkeit, weil alle äußeren Anstrengungen nicht helfen. Die Zurechtweisung lautet nicht: Du schaffst es nicht, sondern: Du willst es dir nicht schenken lassen!

Dieses Lebensgeheimnis ist dem natürlichen Menschen = »Fleisch«, verborgen, nicht fassbar. Das heißt aber nicht, dass es nicht für ihn erfassbar, erlebbar wäre. Jesus macht dieses Geheimnis am Wind deutlich. »Wind« = »Hauch« = »Ruach« hat im Alten und Neuen Testament auch die Bedeutung vom Wirken des Geistes Gottes.

»Es ist damit wie beim Wind. Er weht, wie er will. Du spürst ihn auch, aber du kannst nicht erklären, woher er kommt und wohin er geht. So kann man auch nicht erklären, wie diese Geburt aus Gottes Geist vor sich geht, obwohl jeder ihre Auswirkungen spürt.«

»Aber wie soll das nur vor sich gehen?«, fragte Nikodemus noch einmal. Jesus erwiderte: »Du bist doch einer der anerkannten Gelehrten in Israel und müsstest das eigentlich verstehen. Glaube mir: Wir reden nur von dem, was wir genau kennen. Und was wir bezeugen, das haben wir auch gesehen. Trotzdem nehmt ihr unser Wort nicht ernst. Ihr glaubt mir ja nicht einmal, wenn ich von ganz alltäglichen Dingen rede! Wie also werdet ihr mir dann glauben, wenn ich euch erkläre, was im Himmel geschieht? Und doch kann nur der Menschensohn, der vom Himmel gekommen ist, vom Himmel sprechen.«

Nikodemus versteht Jesus immer noch nicht. Seine Aussagen sind ihm fremd – so fremd wie das Kommen und Gehen des Windes. Man weiß nicht, woher er kommt und wohin er geht. So ähnlich, sagt Jesus, ist es mit dem Wirken des Heiligen Geistes. Für das menschliche Denken unerklärbar. Und doch gibt es einen Unterschied: Der aus Gott Geborene weiß, woher er kommt und wohin er geht. Und das neue Leben ist auch sichtbar. Dafür ist Jesus selbst der offensichtlichste Beweis. Er lebt das neue Leben! Johannes, unser Berichterstatter, beschreibt das am Anfang seines Evangeliums:

»Kein Mensch hat jemals Gott gesehen. Doch sein einziger Sohn, der den Vater genau kennt, hat uns gezeigt, wer Gott ist« (Joh 1, 18). »Gottes Sohn wurde Mensch und lebte unter uns Menschen. Wir selbst haben seine göttliche Herrlichkeit gesehen, wie sie Gott nur seinem einzigen Sohn gibt« (Joh 1, 14).

Und dieser Sohn Gottes will wiederum jedem Menschen Teil geben an seinem und damit an Gottes Leben. Er ist »das Wasser des Lebens« (Joh 4). Er sagt von sich: »Ich bin der Weg, die Wahrheit und das Leben; niemand kommt zum Vater denn durch mich« (Joh 14, 6). Ich bin die Tür, der Eingang zum neuen, mit Gott versöhnten

Leben (Joh 10, 7.9). Wer durch mich, die Tür, im Bild gesprochen, hindurchgeht – und jeder Mensch ist dazu eingeladen, er muss nicht, er kann, er darf –, hat Anteil am Leben Gottes, an dem ewigen Leben. Er muss dafür nichts ableisten durch immer wiederkehrende Geburten. Er ist durch mich, mein Sterben auf Golgatha für seine Schuld, mit Gott versöhnt (Joh 3, 16).

Eigentlich hätte Nikodemus das wissen müssen als anerkannter Gelehrter, denn schon im Alten Testament lässt Gott seinem Volk sagen:

»Ich will euch ein neues Herz und einen neuen Geist in euch geben und will das steinerne Herz aus eurem Fleisch wegnehmen und euch ein fleischernes Herz geben. Ich will meinen Geist in euch geben und will solche Leute aus euch machen, die in meinen Geboten wandeln und meine Rechte halten und danach tun« (Hes 36, 26).

4. Leitsatz
Von Jesus Seelsorge lernen heißt:
In die Entscheidung stellen für oder gegen Jesus Christus.

Ob Nikodemus etwas ahnt von dem, was Jesus ihm nochmals so nachdrücklich erklärt? Wie hätte er sonst gefragt: »Wie geht das vor sich?« Durch Jesu eindeutige Antwort: »durch Gehorsam dem Wort und Geist Gottes gegenüber« steht er in der Entscheidung. Wir erfahren nicht, wie er sich entschieden hat. Das ist für uns heute auch nicht wesentlich. Entscheidend ist, dass wir – Sie und ich – die richtige Entscheidung getroffen haben. Und wenn Sie das noch nicht getan haben, tun Sie es heute! Die folgenden Worte können Ihnen eine Hilfe dabei sein:

»Hier ist mein Herz! Geist Gottes, schaff es rein und mach es gänzlich neu; weih es dir selbst zum heilgen Tempel ein, mach es zum Guten treu! Hilf, dass es stets nach Gott verlange, ihn fürchte, liebe, an ihm hange, mein neues Herz!« (Ehrenfried Liebich, 1713-1780)

Die Samariterin

Wem sage ich was, wie, wann und warum?

Modellhaft für die missionarisch-seelsorgerliche Gesprächsführung steht ein Gespräch Jesu mit einer Frau, das Johannes in seinem Evangelium, Kapitel 4, den Versen 3-30 und 39-42 berichtet.

Einen Leitsatz sollten Sie sich einprägen, der Ihnen beim missionarischen und auch seelsorgerlichen Gespräch immer eine Hilfe sein kann: *Wem sage ich was, wie, wann und warum?*

Zunächst zum »Wem«. Mit wem habe ich es zu tun? Wer ist mein Gesprächspartner, dem ich das Evangelium, die frohe Botschaft von Jesus Christus weitersagen, bezeugen will. Wer ist ...

... der Mann, der durch eine ernste Erkrankung auf die Seite gestellt wurde und über sein Leben nachzudenken beginnt?

... die Frau, deren Gedanken einzig und allein nur noch um den Fortbestand ihrer Ehe kreisen?

... der Mann, dessen Arbeitsplatz gerade durch einen Computer ersetzt wurde?

... das junge Mädchen, das immer bekommen hat, was es sich wünschte?

... der Junge, dem durch einen Autounfall alle seine Lebenshoffnungen zerstört wurden?

... die junge Frau, die den Sinn ihres Lebens davon abhängig macht, ob sie einen Ehepartner findet oder nicht?

... der Junge, der durch eine Ehescheidung seelisch vergewaltigt wurde?

... das Mädchen, das in der eigenen Familie missbraucht wurde?

... der Student, der mir entgegnet: »Aber wir leben doch im 20. Jahrhundert.«

... die Hausfrau, die in einem Vorort festsitzt und sich mit ihren kleinen Kindern abmüht, mit den Nachbarn und einem Dutzend Verpflichtungen und doch keine Gemeinschaft hat?

... der Depressive, der keinen Weg mehr sieht?

... die Enttäuschte, die keinem mehr vertraut?

... der von Angst Geplagte, der des Lebens müde ist?

... die Hoffnungslose, der alles egal ist?

... der in seinem Wohlstandsmilieu übersättigte, der trotzdem seelisch am Verhungern ist? ...

Wir können diese Fragen beliebig fortsetzen, ergänzen aus dem eigenen Erfahrungsbereich. Wer ist mein Gegenüber? Mit wem habe ich es zu tun? – Das ist zunächst die Frage beim missionarischen wie beim seelsorgerlichen Gespräch.

Notwendig ist also, um wirklich helfen zu können, meinen Gesprächspartner kennen zu lernen. Warum ist er so, wie er ist? Jeder Mensch hat Gründe dafür. Die gilt es zu ergründen. Wir müssen verstehen wollen, wie und was der andere denkt, fühlt, tut; was ihn prägt, warum er so reagiert, wie er reagiert. Ist er hungrig oder satt, gelangweilt oder überfordert? Ist er einsam oder gestresst, verstoßen oder zu sehr geliebt, gebunden oder zügellos? – Ich muss meinem Mitmenschen zum Nächsten werden. Das geht nicht ohne ein Herz voll Liebe (1. Kor 13), ohne Sachwissen und ohne die Bitte um Weisheit (Jak 1, 5). Mangel an Sachwissen lässt sich nicht durch Glauben ersetzen; das gilt auch umgekehrt.

Viele Jahre war ich der Meinung, missionarisch zu leben hieße, zu jeder Zeit möglichst viele Bekehrungsgespräche zu führen. Es ist ja verhältnismäßig einfach, zu zitieren: »Also hat Gott die Welt geliebt, dass er seinen eingeborenen Sohn gab, auf dass alle, die an ihn glauben, nicht verloren werden, sondern das ewige Leben haben« (Joh 3, 16). Aber was bedeuten diese Worte konkret, wenn wir an die zuvor angesprochenen Lebenslagen denken? Diese Frage begann mich zu bewegen. Wie kann ich ein solches Wort der Bibel sinnvoll in den Alltag dieser Menschen übersetzen? Sie brauchen ja Glaubens- und Lebenshilfe. Es geht um den ganzen Menschen nach Geist, Seele und Leib.

Was die Nachfolger Jesu neben einem fundamentalen Bibelwissen, Liebe und Weisheit von Gott brauchen, ist Wirklichkeitssinn. Ich muss die Lebensbedingungen, die Lebensumstände der Menschen, mit denen ich es zu tun habe, kennen. Ich muss verstehen, was und wie sie denken, was sie fühlen, was sie tun, d. h. informiert sein. Man wird uns eher vertrauen, wenn man sieht, dass wir einen Realitätsbezug zu dieser Welt haben und nicht den Kopf in den Sand stecken. Es würde schon viel helfen, wenn sie wüssten, dass wir wissen, warum sie so sind, wie sie sind, warum sie so reagieren, wie sie reagieren – um das nochmals zu wiederholen.

Nun zum »Was« – dem Inhalt unserer missionarisch-seelsorgerlichen Gesprächsführung. Was habe ich meinem Nächsten zu bezeugen? Er sucht ja für seine Fragen und Probleme, für seine Sorgen und Konflikte Lösungen, Antworten. Es dürfen keine Pseudolösungen sein. Es muss der harten Wirklichkeit des Lebens entsprechen, realistisch sein, was wir als Hilfe anbieten.

Hier einmal aus der Begegnung mit Menschen einige Hinweise, was man nicht bei uns sucht:

- Man sucht bei uns nicht nur Sitten und Gebräuche einer frommen Gemeinschaft, die aus der Erziehung, der Umgebung oder aus den augenblicklichen Umständen erwachsen sind, sondern gefragt ist lebendiger Glaube in Wort und Tat, der sich außerhalb der Sicherheitszone der Gemeinde bewährt.
- Man sucht bei uns nicht nur das Weitergeben der Erfahrungen anderer. Man kann auf die Dauer nicht vom Ersatz für das Eigentliche leben; sondern gefragt sind einige Erfahrungen aufgrund eines festen, erprobten Vertrauens auf Jesus Christus und sein Wort. Augenzeugen sind gefragt!
- Man sucht bei uns nicht nur ein Fürwahrhalten von Aussagen über Jesus; sondern gefragt ist nach unserer personalen Beziehung zu der Person Jesus Christus. Also nicht: Man weiß etwas von bzw. über Jesus, aber ihn selbst kennt man nicht. Christ werden und Christ sein bedeutet mehr als an »etwas« glauben.
- Man sucht bei uns nicht nur den richtigen Gebrauch korrekter Vokabeln; sondern gefragt ist das Zeuge sein, der glaubwürdige Wandel aus Liebe und Gehorsam Jesus Christus gegenüber.
- Man sucht bei uns nicht nur Anweisungen zum Leben, die sich in Mitmenschlichkeit erschöpfen; sondern gefragt sind verbindliche Wertmaßstäbe, die Normen für ein sinnvolles und damit reiches Leben sind, Normen, die sich an der Bibel orientieren.

Wir sagen: Wir kennen Jesus. Verändert das unser Leben – unseren Gebrauch an Zeit, Geld, Kraft, Gaben – unsere Wertmaßstäbe? Sehen unsere Mitmenschen an uns eine Haltung dem Leben gegenüber, die sie auch gerne haben möchten: Liebe, Frieden, Freude, Geborgenheit, Freiheit, Glück, Lebenssinn und Lebensziel? Was geschieht, wenn wir eine Kränkung, einen Verlust, Enttäuschung oder Lob, Anerkennung, Dank erfahren? Sehen dann unsere Mitmenschen an uns eine Haltung dem Leben gegenüber, die sie auch gerne haben möchten, oder veranlasst es sie – mit Recht! – abzuwehren: Wenn das alles ist – nein, danke!

Beeinflusst unsere Beziehung zu Jesus Christus unsere Vergangenheit, Gegenwart und Zukunft, werden dadurch entscheidend die Weichen unseres Lebens gestellt? Ein Leben unter der Herrschaft Jesu Christi drängt zu einer sinnerfüllten Lebenspraxis, die vom Vertrauen zu Jesus Christus bestimmt und genährt wird. Damit gibt es eine Alternative zum Leben der meisten Menschen unserer Tage, das sich im Vordergründigen erschöpft.

Wir haben keine Philosophie, keine Ideologie, keine allgemeinen Lebensklugheiten weiterzugeben, sondern bezeugen »mit Herzen, Mund und Händen« die lebendige Person Jesus Christus als Gottes Sohn – und die Notwendigkeit einer personalen Beziehung zu ihm.

Es geht darum, den Menschen mit dem Anspruch Jesu an seinem Leben zu konfrontieren. Das Evangelium ist Jesus Christus selbst – wer er ist, was er getan hat, wie man ihn persönlich kennen lernen kann, was er will; eine seiner Kernaussagen zu vermitteln: »Ich bin gekommen, dass sie das Leben im Überfluss haben sollen« (Joh 10, 10). Das ist Leben mit besonderer Qualität, ewiges Leben (Joh 5, 24).

Alles missionarisch-seelsorgerliche Leben, alles Bezeugen der großen Taten Jesu, alles Heilen und Helfen beginnt mit dem Heilwerden unseres eigenen Lebens. Gott muss und will heilen. Darum muss man sich den Fragen stellen: Lebe ich selbst jeden Tag aus der heilenden, vergebenden, erneuernden Kraft Jesu? Lese ich sein Wort, die Bibel? Bin ich mit ihm im Gespräch? Suche ich die Gemeinschaft mit anderen, die auch an ihn glauben? Habe ich selbst mein Leben mit seinen Problemen, seinem Kummer, seinen Krisen und Konflikten, mit seinen Hoffnungen, seinen heimlichen Wünschen und Erwartungen, auch mit seiner Schuld und seinen Verfehlungen und Belastungen an ihn ausgeliefert? Kenne ich selbst innerste Beugung in der Scham des Versagens, persönliche Beichte und Lossprechung – und von daher auch die tiefe Freude konkreter Vergebung bei Gott und Menschen? Weiß ich selbst um die Bewältigung von Schmerz und Leid, von Enttäuschung und Trauer, von Anfechtung und Not in der personalen Bindung an Jesus Christus. Lasse ich mich durch den Heiligen Geist, die Präsenz Jesu Christi, täglich leiten? Stehen meine Gedanken unter einem entsprechend neuen Einfluss, eben dem des Geistes Gottes? Ist das aus meinen Worten und Taten, aus meinem Agieren und Reagieren zu sehen? Weiß ich um das ewige Leben, das schon heute beginnt, wo ein Mensch sein Leben Jesus anvertraut hat, und das kein Tod töten kann? Gibt mir diese Gewissheit die Kraft, den Weg zu diesem Ziel getrost und zuversichtlich unter die Füße zu nehmen? – Fragen, die ganz wesentlich für uns sind, wenn wir Jesus in Wort und Tat bezeugen wollen.

Ich möchte das bisher Gesagte nochmals in drei Punkten zusammenfassen:

1. Beim missionarisch-seelsorgerlichen Gespräch kommt es entscheidend darauf an, dass wir die Not des anderen, seinen Kummer, seine Krisen und Konflikte erkennen, ernst nehmen und mitempfinden. Von Jesus, dem Seelsorger, heißt es: »Beim Anblick der Volksscharen aber erfasste ihn tiefes Mitleid mit ihnen, denn sie waren abgehetzt und verwahrlost wie Schafe, die keinen Hirten haben«; »es jammerte ihn derselben« (Mt 9, 36), übersetzt Luther.

Nur wenn ich bereit bin, mich einzubringen, zu identifizieren, mitzuleiden und mitzuempfinden, auch mein Herz und Gemüt strapazieren zu lassen, mich herausfordern zu lassen – das heißt nicht, mich überfordern zu lassen –, kann ich ein missionarisch-seelsorgerliches Gespräch führen; kann Jesus mich diesbezüglich als sein Zeuge gebrauchen.

Nicht unsere Argumente, nicht unsere zwingende Logik, nicht unsere Schlagfertigkeit sind primär im missionarisch-seelsorgerlichen Gespräch entscheidend – sie sind gut, wichtig und notwendig –, sondern das tiefe und ehrliche, das aufrichtige Mitgefühl mit der Not des anderen, das Ihn-verstehen-Wollen. Auf die selbstlose Liebe kommt es hier entscheidend an.

2. Es geht um das Zeuge sein! Das ist entscheidend. Bevor wir mit einem anderen Menschen sprechen, erfasst unser Gesprächspartner oft instinktiv, wer wir sind. Wenn unser Sein, wenn unsere Persönlichkeit sich nicht mit dem deckt, was wir sagen, werden wir nur schwer zum Herzen und Denken des anderen Zugang finden. Darum beginnt das missionarisch-seelsorgerliche Gespräch, genau genommen, nicht erst mit dem Wort-

Zeugnis, sondern mit dem, was wir sind! Es geht um das Christ-Sein, das Zeuge-Sein; um einen glaubwürdigen Wandel! Hier gilt dieser Satz: »Rede, wenn man dich fragt. Lebe, dass man dich fragt!« Das modellhafte Leben hat unübersehbare Folgen. Es vermittelt Mut zum Anderssein. Christen leben anders. Sie reden nicht nur anders. Sie geben mit ihrem Leben Zeugnis von den biblischen Maßstäben, die sie bestimmen.

3. Wesentlich ist auch der Punkt: Es ist nicht unsere Aufgabe, einen anderen Menschen zum Glauben an Jesus Christus zu überzeugen. Viele Nachfolger Jesu setzten damit sich und andere unter einen unfruchtbaren Druck. Da wird Nachfolge Jesu, aufgrund dieser permanenten Erwartungen, ausgeübt durch mich selbst und andere, zu Stress. Ganz nahe damit verbunden ist dann der Frust, die Enttäuschung, wenn das missionarisch-seelsorgerliche Gespräch nicht den Erfolg bringt, den man erwartet hat.

Es geht aber gar nicht um Erfolg. Es geht um Frucht. Und Frucht kann man nicht produzieren, sie will wachsen. Wir haben den Herrn Jesus zu bezeugen. Aufgabe des Heiligen Geistes ist es, den Menschen von Jesus Christus als seinem Heiland und Herrn zu überzeugen. Wer dies selbst machen will, pfuscht dem Heiligen Geist ins Handwerk. Er will eine Aufgabe übernehmen, die ihm gar nicht zusteht.

Hier kann uns das bekannte Lied von Matthias Claudius (1740-1815) helfen: »Wir pflügen und wir streuen den Samen auf das Land, doch Wachstum und Gedeihen steht in des Höchsten Hand; der tut mit leisem Wehen sich mild und heimlich auf und träuft, wenn heim wir gehen, Wuchs und Gedeihen drauf.« Oder wie es in einer anderen Strophe heißt: »... es geht durch unsre Hände, kommt aber her von Gott.«

Was für das ganz natürliche Wachsen und Gedeihen, Reifen und Fruchttragen seine Gültigkeit hat, gilt auch für das Ausstreuen des göttlichen Samens, seines Wortes, in missionarisch-seelsorgerlichen Gesprächen.

Nach diesen Vorbemerkungen nun zu unserem bereits angekündigten Text: Johannes 4, die Verse 3-30 und 39-42:

»Jesus verließ Judäa und ging wieder nach Galiläa. Er musste aber durch Samarien reisen. Da kam er in eine Stadt Samariens, die heißt Sychar, nahe bei dem Feld, das Jakob seinem Sohn Joseph gab. Es war aber dort Jakobs Brunnen. Weil nun Jesus müde war von der Reise, setzte er sich am Brunnen nieder; es war um die sechste Stunde. Da kommt eine Frau aus Samarien, um Wasser zu schöpfen. Jesus spricht zu ihr: Gib mir zu trinken! Denn seine Jünger waren in die Stadt gegangen, um Essen zu kaufen. Da spricht die samaritische Frau zu ihm: Wie, du bittest mich um etwas zu trinken, der du ein Jude bist, und ich eine samaritische Frau? – Denn die Juden haben keine Gemeinschaft mit den Samaritern. Jesus antwortet und sprach zu ihr: Wenn du erkenntest die Gabe Gottes und wer der ist, der zu dir sagt: Gib mir zu trinken! du bätest ihn, und er gäbe dir lebendiges Wasser. Spricht zu ihm die Frau: Herr, hast du doch nichts, womit du schöpfen kannst, und der Brunnen ist tief; woher hast du dann lebendiges Wasser? Bist du mehr als unser Vater Jakob, der uns diesen Brunnen gegeben hat? und er hat daraus getrunken und seine Kinder und sein Vieh. Jesus antwortete und sprach zu ihr: Wer von diesem Wasser trinkt, den wird wieder dürsten; wer aber von dem Wasser trinken wird, das ich ihm gebe, den wird in Ewigkeit nicht dürsten, sondern das Wasser, das ich ihm geben werde, das wird in ihm eine Quelle des Wassers werden, das in das ewige Leben quillt.

Spricht die Frau zu ihm: Herr, gib mir solches Wasser, damit mich nicht dürstet und ich nicht herkommen muss, um zu schöpfen. Jesus spricht zu ihr: Gehe hin, ruf deinen Mann und komm wieder her! Die Frau antwortete und sprach zu ihm: Ich habe keinen Mann. Jesus spricht zu ihr: Du hast recht geantwortet: Ich habe keinen Mann. Fünf Männer hast du gehabt, und den du jetzt hast, ist nicht dein Mann; das hast du recht gesagt.

Die Frau spricht zu ihm: Herr, ich sehe, dass du ein Prophet bist. Unsere Väter haben auf diesem Berge angebetet, und ihr sagt, in Jerusalem sei die Stätte, wo man anbeten soll. Jesus spricht zu ihr: Glaube mir, Frau, es kommt die Zeit, dass ihr weder auf diesem Berg noch in Jerusalem den Vater anbeten werdet. Ihr wisst nicht, was ihr anbetet; wir wissen aber, was wir anbeten; denn das Heil kommt von den Juden. Aber es kommt die Zeit und ist schon jetzt, in der die wahren Anbeter den Vater anbeten werden im Geist und in der Wahrheit; denn auch der Vater will solche Anbeter haben. Gott ist Geist, und die ihn anbeten, die müssen ihn im Geist und in der Wahrheit anbeten.

Spricht die Frau zu ihm: Ich weiß, dass der Messias kommt, der da Christus heißt. Wenn dieser kommt, wird er uns alles verkündigen. Jesus spricht zu ihr: Ich bin's, der mit dir redet.

Unterdessen kamen seine Jünger, und sie wunderten sich, dass er mit einer Frau redete; doch sagte niemand: Was fragst du? oder: Was redest du mit ihr? Da ließ die

Frau ihren Krug stehen und ging in die Stadt und spricht zu den Leuten: Kommt, seht einen Menschen, der mir gesagt hat, was ich getan habe, ob er nicht der Christus sei! Da gingen sie aus der Stadt heraus und kamen zu ihm ... Es glaubten aber an ihn viele Samariter aus dieser Stadt um der Rede der Frau willen, die bezeugte: Er hat mir alles gesagt, was ich getan habe. Als nun die Samariter zu ihm kamen, baten sie ihn, bei ihnen zu bleiben; und er blieb zwei Tage da. Und noch viel mehr glaubten um seines Wortes willen und sprachen zu der Frau: Von nun an glauben wir nicht mehr um deiner Rede willen; denn wir haben selber gehört und erkannt: Dieser ist wahrlich der Welt Heiland.«

Nach dem »Wem« und dem »Was« – wem sage ich was? – nun das »Wann«, »Wie« und »Warum«. Wem sage ich was, wann, wie und warum?

Auf diese Fragen gibt uns das missionarisch-seelsorgerliche Verhalten Jesu im Gespräch mit der Samariterin einen ganz konkreten Anschauungsunterricht. An 16 Leitsätzen will ich das verdeutlichen.

1. Leitsatz:
Von Jesus Seelsorge lernen, heißt:
Wir wollen die Gelegenheiten Gottes erkennen lernen.

»Jesus musste durch Samaria reisen«, lesen wir in Vers 4. Mit diesem Satz wird das Zwingende betont. Jesus »musste« diesen Weg nehmen, weil es dort am Jakobsbrunnen zu einer lebensentscheidenden Begegnung kommen sollte.

Voraussetzung für ein missionarisch-seelsorgerliches Gespräch ist unsere Bereitschaft, unseren Zeitplan von Gott bestimmen und wo nötig auch umwerfen zu lassen. Wer dazu nicht bereit ist, wird die Gelegenheiten Gottes verpassen. Denn wir können nicht mit jedem Menschen zu jeder Zeit über alles sprechen. Gott bereitet die Menschen vor und stellt sie uns in den Weg. Dann müssen wir für sie Zeit haben. Es sind Gottes Stunden, die wir nicht versäumen sollten. Das Neue Testament hat für solche Stunden ein besonderes Wort, das so viel bedeutet wie: rechter Zeitpunkt, günstiger Augenblick, passende Zeit, gute Gelegenheit. Das Wort heißt *Kairos*. Für das missionarisch-seelsorgerliche Gespräch brauchen wir ein »Kairos-Bewusstsein«, ein Gespür dafür, was in diesem Augenblick von Gott her dran ist; dass uns klar wird: Jetzt muss ich gehen; jetzt muss ich sprechen; jetzt muss ich schreiben; jetzt muss ich telefonieren. Dann heißt es aber auch: Geh! – Sprich! – Schreibe! – Telefoniere!

2. Leitsatz:
Von Jesus Seelsorge lernen, heißt:
Wir wollen endgültige Vorurteile vermeiden.
(Vers 3)

Jesus verließ Judäa. Er ging nach Galiläa zurück. Sein Weg führte durch Samaria. Diesen Weg vermieden die Juden gewöhnlich, da sie von den Samaritern nicht viel hielten. Wahrscheinlich bezog sich der Name Sychar – was wohl so viel bedeutet wie »betrunken« (so meinen einige Ausleger) – auf das Wesen der Einwohner. Von einer solchen Gesellschaft war nicht viel zu erwarten.

Wir kennen die ganze Palette der Vorurteile, die im Grunde genommen alle nur Hindernisse für die Gelegenheiten Gottes sind; diese Vorurteile wie: Was gibt's da schon zu erwarten? Doch nur abfällige Bemerkungen, Spott, Ablehnung, Gleichgültigkeit.

Der erste Schritt bei der Anknüpfung eines Gesprächs erscheint oft der schwerste. Manche wagen diesen Schritt nicht, weil sie Angst haben, sie könnten sich lächerlich machen, sich blamieren. Es geht bei diesem Bedenken in den seltensten Fällen darum, dass man Angst hat, man könnte Jesus blamieren oder lächerlich machen. Oft ist es Menschenfurcht.

Doch diese kann man überwinden lernen, wenn man von Herzen von dem überzeugt ist, was man bezeugt. Dann steht man nämlich für seine Überzeugung ein.

3. Leitsatz:
Von Jesus Seelsorge lernen, heißt:
Wir wollen uns nicht von äußeren Hindernissen abschrecken lassen.
(Verse 3-6)

Die Situation am Jakobsbrunnen war für Jesus alles andere als günstig. Es war um die Mittagszeit, während der man in heißen Ländern ruht. Er selbst war müde und durstig. Im Grunde war nicht mit einer Gesprächsmöglichkeit zu rechnen. Wer sollte schon zu dieser Zeit an den Brunnen gehen?

Und doch: Bleiben wir aufgeschlossen für den günstigen Augenblick Gottes. Auch ungünstige äußere Umstände sollen für uns grundsätzlich kein Hinderungsgrund für das missionarisch-seelsorgerliche Gespräch sein.

4. Leitsatz:
Von Jesus Seelsorge lernen, heißt:
Wir wollen menschliche Kontakte suchen.
(Vers 7)

In vielen christlichen Kreisen sind Freundschaften mit Nichtchristen tabu. Wenn wir aber keine Freunde außerhalb der christlichen Gemeinde haben, wie wollen wir fernstehende Menschen mit Jesus bekannt machen?

Schauen wir uns die Einstellung Jesu diesbezüglich an. Die selbstgerechten Pharisäer empörten sich, als sie Jesus mit den Sündern zusammen sahen. »Nun sieh dir die Menschen an, mit denen er spricht – und sich gar an ihren Tisch setzt«, sagten sie. »Der ist ja ein Freund der Zöllner und Sünder. Aber Jesus antwortete ihnen: »Ich bin gekommen, um die Sünder zur Buße zu rufen und nicht die Gerechten« (siehe Lk 5, 27-32).

Viele Schwierigkeiten in den Gemeinden kommen daher, dass man »nicht mitmachen« mit »sich zurückziehen« verwechselt. Der Teufel versucht genau das, indem er uns überreden will, uns doch nur zu unserer »Sippe« zu halten und jeden – wie er uns dann einflüstert – »unnötigen Kontakt« mit anderen zu vermeiden. Seine teuflische Logik hat leider viele Christen überzeugt.

Wenn wir die Lehre des Neuen Testamentes prüfen, stellen wir fest, dass »die Welt nicht lieb haben« nicht bedeutet, dass wir uns isolieren sollen. Das macht Jesus in seinem hohepriesterlichen Gebet klar: »Ich bitte dich nicht, dass du sie aus der Welt nimmst, sondern dass du sie bewahrst vor dem Bösen« (Joh 17, 15). Und nachdem er uns alle dem Schutz des Vaters empfohlen hat, lässt er seine Nachfolger mit dem Gebot zurück: »Darum geht hin und macht zu Jüngern alle Völker«, denn »ihr werdet meine Zeugen sein bis ans Ende der Erde« (Mt 28, 19; Apg 1, 8).

Die Verwirrung zwischen »nicht mitmachen« und »sich zurückziehen« ist übrigens kein neues Problem (siehe 1. Kor 5, 9-11). Die Christen in Korinth mussten erkennen, dass Rückzug von denen, die Jesus Christus nicht kennen, blanker Ungehorsam gegen den Willen Gottes ist. Statt uns zurückzuziehen, gilt es, Kontakte in der Welt mit der Welt zu suchen. Wir müssen lernen, wie wir Freundschaften anfangen und ausbauen können und wie wir unseren Freunden in ihre Lebenslage hinein das Evangelium liebevoll und verständlich erklären können.

Deshalb: Suchen Sie Kontakt mit Nichtchristen. Jeder sollte sich fragen: Für wen bete ich täglich mit Namen und bitte Gott, dass der Heilige Geist ihm die Augen öffnet, ihm Einsicht gibt –, bis er Jesus als seinen Heiland und Herrn angenommen hat? Gibt es einen fernstehenden Menschen, für den ich Gelegenheit suche, um ihm in Wort und Tat die Liebe Jesu zu bezeugen und spüren zu lassen? Wenn wir entdecken, dass wir keinen Kontakt mit Nichtchristen haben, sollten wir um solchen beten und dann die Initiative ergreifen.

5. Leitsatz:
Von Jesus Seelsorge lernen, heißt:
Wir wollen dem Menschen dort begegnen, wo er lebt (Vers 7)

Jesus begegnet der Samariterin in ihrem Alltag. – Viele denken, man könne Jesus Christus nur richtig in Kirchen, Kapellen und Missionszelten bezeugen. Das stimmt aber nicht. Ein missionarisch-seelsorgerliches Leben und damit auch das Bezeugen des Namens Jesu geschieht ebenso gut an der Werkbank wie im Büro, am Fließband wie hinter der Kasse, im Sportverein wie in der Musikgruppe, im Elternbeirat wie im Seniorenklub. Dort, wo ich beginne, mich für die Nöte, Fragen und Probleme, für den Kummer, die Krisen und Konflikte, aber auch für die Freuden, Siege und Erfolge meines Nächsten zu interessieren, dort entstehen Freundschaften und Vertrauen. Ohne diese ganz menschliche Basis der Begegnung wird sich kaum ein sinnvolles Gespräch über Jesus Christus ergeben.

6. Leitsatz:
Von Jesus Seelsorge lernen, heißt:
Wir wollen uns um den Einzelnen kümmern.
(Vers 7)

Es gab viele Frauen in Sichem. Jesus aber kümmerte sich um diese eine Frau, diese Samariterin. Auch hier können wir von ihm lernen: Predigte er das Evangelium vom Reich Gottes, sprach er zu Vielen; führte er ein missionarisch-seelsorgerliches Gespräch, wandte er sich dem Einzelnen zu – wie auch hier bei der Samariterin. Um diese ganz persönliche Zuwendung geht es: Zeit haben für den Einzelnen, sich um ihn kümmern, auf ihn hören, ihn verstehen lernen wollen.

7. Leitsatz:
Von Jesus Seelsorge lernen, heißt:
**Wir wollen das Gespräch mit dem beginnen,
was den anderen am meisten interessiert.**
(Vers 7)

Im Bericht lesen wir: »Da kommt eine Frau aus Samarien, Wasser zu schöpfen. Jesus spricht zu ihr: Gib mir zu trinken.« Das war für ihn der Anknüpfungspunkt zum persönlichen Gespräch. Er wurde nicht verkrampft gesucht oder gewaltsam herbeigezerrt. Jesus knüpft bei einem ganz natürlichen Bedürfnis dieser Frau an – bei ihrem Durst. Am meisten interessiert sie jetzt das Wasser!

Wie viele gute Anknüpfungspunkte bieten sich uns, wenn wir mit anderen Menschen über Jesus reden wollen. Von der Schlagzeile in der Zeitung bis zur Todesanzeige gibt es eine ganze Skala guter Möglichkeiten. Aber es kommt darauf an, in der jeweiligen Lebenslage richtig zu beginnen. Sprechen Sie mit Ihrem Gesprächspartner zunächst über das, was ihn am meisten interessiert.

Das heißt zugleich: warten können mit den vielen gutgemeinten frommen Worten. Oft fehlt die Voraussetzung bei unserem Gesprächspartner, um zu verstehen, was wir meinen. Es kommt daher darauf an, die ewigen Wahrheiten Gottes in leicht verständlichen Gedanken und Worten weiterzugeben. Wenn ich mit einem ratsuchenden Menschen spreche, brauche ich nicht zu predigen. So zu reden, dass man verstanden wird, das kann man lernen.

Ich wünschte, ich hätte diese Lektion in meinem Leben früher gelernt. Dann hätte ich weniger Frustrationserlebnisse gehabt. Es dauerte doch einige Zeit, bis ich merkte, dass ich durch meine Art und Weise – nicht das Wort vom Kreuz – Ärgernis erregte.

Wenn wir Gott als Werkzeug dienen wollen, ihn und seine großen Taten also bezeugen wollen –, müssen wir sorgfältig und geduldig arbeiten, feinfühlig und mit Liebe reden, uns Zeit lassen. (Es mag Ausnahmen geben, wenn ich z. B. weiß, diesem Menschen werde ich nur einmal begegnen!) Später, bei einer weiteren Begegnung, kann ich auch geistliche Themen ansprechen.

Mancher würde viel darum geben, um nur einen Menschen zunächst zu haben, der ihm sein Ohr leiht. Der aber nicht nur mit seinem Ohr hört, sondern zugleich auch mit seiner Seele. Wenn wir zuhören lernen, lernen wir nicht nur diesen Menschen verstehen, wir werden auch seine Dankbarkeit gewinnen; und er wird bereit sein, uns zuzuhören, wenn wir ihm später, in seine Lebenslage hinein, etwas vom Evangelium zu sagen haben. Auf diese Weise bringt uns der Heilige Geist – die Präsenz Jesu – oft Menschen nahe, damit wir ihnen von ihm erzählen können und sie zu ihm finden.

8. Leitsatz:

Von Jesus Seelsorge lernen, heißt:
Wir wollen uns den Gesprächspartner von Gott zuweisen lassen, dann werden wir uns weder von Sympathie noch von Antipathie bestimmen lassen. (Verse 8-9)

Die Samariterin kann es nicht richtig einordnen, dass Jesus mit ihr spricht. Jesus durchbricht die sozialen, religiösen, rassenpolitischen Schranken. Als Mann spricht er mit ihr, der Frau: als Rabbi mit ihr, der Hure. Er reagiert anders als die anderen. Er verachtet sie nicht. Ja, vielmehr: Er achtet sie wert. Er liebt sie als eine von Gott geliebte Persönlichkeit. Diese Art zu leben und zu reden sollte uns Christen ebenfalls kennzeichnen, damit wir auch zu Recht den Namen unseres Heilandes und Herrn Jesus Christus tragen.

Die Werte, die wir haben, das Bewusstsein, dass das Leben einen Sinn hat, die Art, wie wir auf verschiedene Umstände reagieren, die innere Ruhe und Gelassenheit inmitten von Schwierigkeiten und Krisen, werden die Qualität unseres Lebens deutlich machen. Wenn wir nicht anders sind als andere, können wir nicht für andere da sein, sondern sind für Gleiche da.

9. Leitsatz:
Von Jesus Seelsorge lernen, heißt:
Wir wollen Interesse für die gute Nachricht von Jesus wecken. (Vers 10)

Jetzt, nach dem ganz natürlichen Gesprächseinstieg, lenkt Jesus die Gedanken der Frau in tiefere Dimensionen. Es ist beeindruckend, wie Jesus die Neugier, das Interesse dieser Frau weckt, während er sie in ein Gespräch verwickelt. Er spricht von dem Wasser, das den Durst für immer stillt. Er macht ihr sozusagen den Mund wässerig. Doch er macht es dezent, werbend, ungezwungen, natürlich, einladend.

Mit einer geheimnisvollen Andeutung lockt Jesus die Samariterin zum Fragen. Konkret für uns: Nach einer vielleicht nur vagen Andeutung auf Religion könnte man z. B. fragen: »Nebenbei bemerkt, sind Sie eigentlich interessiert an religiösen Dingen?« – Viele werden, gerade auch in unseren Tagen, »Ja« sagen. Ich könnte weiterfragen: »Wie stellen Sie sich einen wirklichen Christen vor?« Die Antwort gibt uns Einblick in das Denken unseres Gesprächspartners. Ich kann dann aufzeigen, was stimmt und was nicht stimmt; und ich kann sagen, was die Bibel darunter versteht.

Oder wir können als Anknüpfungspunkt eine Erfahrung weitergeben: »Wissen Sie, ich würde auch so empfinden wie Sie, wenn ich nicht etwas erlebt hätte, was meine Einstellung zum Leben völlig verändert hat. Soll ich Ihnen davon erzählen?« Oder manchmal werden uns Fragen gestellt: Warum sind Sie so ausgeglichen? Sie sind so zufrieden, wie kommt das? Sie sind nicht wie andere, warum nicht? Warum leben Sie so? Hier bietet sich eine gute Chance zu einem persönlichen Zeugnis.

10. Leitsatz:
Von Jesus Seelsorge lernen, heißt:
Wir wollen konkret von Jesu Angebot sprechen.
(Vers 10)

Das wollen wir uns gut merken, wenn wir ein missionarisch-seelsorgerliches Gespräch führen. Wer diesen Hinweis nicht beachtet, wird sich im Labyrinth endloser Diskussionen und unentwirrbarer Probleme verlieren. Nochmals: Wir wollen nicht diskutieren, sondern bezeugen. Wir wollen konsequent von dem sprechen, was Jesus anbietet: Er vergibt Sünde. Er befreit von Gebundenheiten und Zwängen. Er beschenkt mit einem Frieden, der höher ist als unser Denken; er gibt Freude, die Bestand hat; er verwandelt Egoismus in selbstlose Liebe; er ändert den Charakter und führt durchs Leben. Das Leben mit ihm hat aufgrund dessen Sinn, weil es ein Ziel hat: die Gemeinschaft mit Gott für Zeit und Ewigkeit. Es ist natürlich schon notwendig, sich selbst darüber klar zu sein: Was habe ich in Jesus?! Dann wird es mir eine Freude sein, das Angebot Jesu weiterzugeben. Es ist einzigartig und daher konkurrenzlos.

Dem Deprimierten können wir sagen: Jesus hält dich! Dem Verzweifelten: Jesus hat einen Weg für dich! Dem Leidtragenden: Du kannst getröstet werden! Dem Leidenden: Jesus trägt mit dir! Dem Belasteten: Jesus vergibt dir! Dem Lebenshungrigen: Jesus schenkt dir ewiges Leben! – Lassen Sie uns zuversichtlich darüber sprechen, wer Jesus ist und was er schenkt; und dass wir es froh, überzeugend tun – aus eigener Erfahrung. Wir wollen den anderen zur lebenspendenden Gemeinschaft mit Jesus Christus einladen. Wir sollen den anderen nicht überzeugen. Das macht der Heilige Geist. Das ist seine Aufgabe, und da wollen wir uns nicht einmischen.

11. Leitsatz:
Von Jesus Seelsorge lernen, heißt:
**Wir wollen unseren Gesprächspartner,
unsere Gesprächspartnerin nicht überfordern.**
(Verse 11-15)

Nach und nach, wie die Samariterin es fassen kann, offenbart sich Jesus Christus ihr als Heiland und Herr.

Viele stehen in Gefahr, sobald sie nur einen Schimmer an Interesse entdecken, mit dem ganzen Evangelium loszustürmen, ohne auch nur auf die Reaktion des Gesprächspartners zu achten. Weniger ist daher oft mehr. Das ist – im Bild gesprochen – wie bei einem Trichter. Der ist oben sehr weit, da geht viel hinein. Doch das Durchgangsröhrchen ist dann eben, in der Relation gesehen, sehr klein. Es braucht Gefühl und Geduld. Man kann nicht einfach bedenkenlos hineinschütten, sonst läuft alles über. Und man ist letzten Endes sogar noch gefrustet. Doch da liegt die Ursache dann bei einem selbst.

Wir dürfen unser Gegenüber weder überfordern noch überrumpeln, sonst gibt es Bekehrungen, die nicht von Bestand sind; Frühgeburten, deren Pflege viel Zeit und Kraft benötigt. Das Gegenüber soll Jesus wirklich kennen lernen. Und wir müssen daher warten können, bis die ausgestreute Saat aufgeht und wächst und reift und Frucht bringt; bis unser Gesprächspartner erkennt, was Jesus ihm sein will, für ihn bedeutet.

12. Leitsatz:
Von Jesus Seelsorge lernen, heißt:
Wir wollen in unserem missionarisch-seelsorgerlichen Gespräch die Sünde nicht ausklammern. (Vers 16)

Das, was die Menschen von Gott trennt, ist die Sünde. Sie äußert sich in einem Verhalten, das Gottes Ordnungen widerstrebt. Wenn unser Gespräch diesen Punkt ausklammert, gibt es keine durchgreifende Hilfe. Wir treiben dann eine materialistische Seelsorge, die zwar Symptome behandelt, aber nicht die Ursachen. Solche Seelsorge bringt kein Neuwerden des Menschen, sondern nur Enttäuschung. Ein Mensch, der nicht im Gespräch bezeugen und durch sein Leben belegen kann, wie Jesus ihm geholfen hat und bis heute hilft, kann kaum nachhaltig missionarisch-seelsorgerlich tätig sein.

Jeder Mensch hat ein moralisches Problem, das auch ein wunder Punkt seines Lebens ist. Nicht neugierig, plump, sensationslüstern; aber behutsam und ganz bewusst kann dies beim Namen genannt werden. Wenn unser Gespräch diesen Punkt vermeiden will, verlieren wir uns in allgemeinen religiösen Fragen. Wir bleiben dann kurz vor dem Ziel stehen.

Hier ist gut zu fragen: Wie kann ich den Menschen locken, sich mir anzuvertrauen? Dazu drei Hilfen:

- Sprechen Sie ehrlich über Ihre eigenen Probleme und den Sieg, den Jesus Ihnen schenkt. Haben Sie also Mut, zu Ihrer Schwäche ebenso zu stehen wie zu einem klaren Bekenntnis zu Jesu Kraft, die hilft, auch Schwierigkeiten zu tragen und zu ertragen.
- Seien Sie über das, was Ihnen berichtet wird, nicht entsetzt. Hüten Sie sich also vor verbalem Verhalten, das dem anderen weh tut, ebenso wie vor entsprechender Mimik.
- Sprechen Sie so, dass der andere ermutigt wird, sich Jesus anzuvertrauen. Lassen Sie ihn auch Ihre menschliche Zuwendung erfahren und wo immer möglich auch ganz konkrete Hilfe.

Verwenden Sie für diese Phase des missionarisch-seelsorgerlichen Gesprächs viel Zeit, Liebe und Einfühlungsvermögen; haben Sie Geduld, aber kommen Sie auch zur Sache. Mir schrieb einmal ein Hörer des ERFs: »Sie zeigen uns Ihre Narben, das macht mir Mut, Ihnen meine Wunden zu zeigen.« Diesen Satz können Sie sich einprägen, etwas anders formuliert: *Zeig deine Narben, und der andere wird Mut bekommen, über seine Wunden zu sprechen!*

An dieser Stelle sollten Sie keine schwierigen theologischen Begriffe klären, sondern Jesus bezeugen. Sie erleben ihn doch. Er vergibt Ihnen. Ihr Gewissen wurde entlastet. Sagen Sie das Ihrem Gegenüber. Und berichten Sie auch, wie Jesus Christus mit ihren charakterlichen Ecken und Kanten zurechtkommt.

13. Leitsatz:
Von Jesus Seelsorge lernen, heißt:
Wir wollen unseren Gesprächspartner nicht verurteilen. (Verse 17-18)

Jesus verurteilt diese Frau nicht, auch wenn er Sünde Sünde nennt. Das müssen wir ganz bewusst lernen: Den Menschen gilt es immer lieb zu behalten und die Gemeinschaft mit ihm zu suchen, doch seine Lebensweise, die sich nicht an den Anweisungen Jesu orientiert, gilt es abzulehnen und zu verurteilen. Von Jesus wollen wir lernen: Den Sünder zu lieben, die Sünde zu hassen!

Zu viele sind zu schnell bereit, die Sünde und den Sünder zu verdammen. Das ist lieblos und es verletzt. Zum Beispiel zu sagen: »Danke, ich trinke keinen Wein, ich bin Christ« ist völlig abwegig. Wein trinken oder nicht, hat grundsätzlich mit Christsein nichts zu tun. Wenn mich aber jemand auffordern sollte: »Komm, wir rauben eine Bank aus!«, werde ich antworten: »Nein, ich bin Christ!« Denn das achte Gebot verbietet das Stehlen.

Es wird uns sehr helfen, statt selbstherrlich zurechtzuweisen, lieben zu lernen, wie Jesus liebt. Wesentlich helfen
werden uns dabei die Ausführungen des Apostels Paulus
im 1. Korintherbrief, Kapitel 13, die sich ganz konkret mit
dem Praktizieren der Liebe befassen.

14. Leitsatz:
Von Jesus Seelsorge lernen, heißt:
**Wir wollen im missionarisch-seelsorgerlichen
Gespräch beim Wesentlichen bleiben.**
(Vers 20)

Im letzten Teil des Gesprächs zwischen Jesus und der Samariterin entdecken wir zwei weitere Grundsätze, die wir
beachten wollen. Jesus lässt sich nicht durch zweitrangige
Fragen von der Hauptsache abbringen. Die Frau fragt, wo
sie anbeten solle, auf dem Berg Garizim oder in Jerusalem. Aber Jesus steuert das Gespräch zurück auf sich
selbst, indem er von dem »Wo-Anbeten« zum »Wie-
Anbeten« kommt.

Ihr Einwand hat etwa denselben Stellenwert wie heute
die Frage: Nutzt das Gebet denn überhaupt etwas? Darüber zu debattieren ist sinnlos. Wir wollen da gar keinen
Zweifel aufkommen lassen. Es ging damals nicht und es
geht auch heute nicht um das »Wo«, sondern um die
Hauptsache, um Jesus Christus selbst, und darum, dass
wir beten!

Auch das Wozu unseres missionarisch-seelsorgerlichen Gesprächs findet in diesem Gespräch Jesu mit der
Samariterin seine Beantwortung. Als Jesus sein Selbst-

zeugnis »Ich bin's« gibt, erreicht das Gespräch den entscheidenden Höhepunkt.

15. Leitsatz:
Von Jesus Seelsorge lernen, heißt:
Wir wollen, dass unser Gesprächspartner Jesus Christus als seinen Heiland und Herrn erkennt und anerkennt. (Verse 26-30)

Das Ziel unseres missionarisch-seelsorgerlichen Gesprächs ist, unseren Gesprächspartner in die Entscheidung für oder gegen Jesus zu stellen. Dabei werden wir es – vereinfacht – mit drei Gruppen von Menschen zu tun haben:

- Es gibt Menschen, denen fehlt noch Information über Jesus. Sie haben noch nicht genügend Bibelkenntnis vermittelt bekommen und auch noch zu wenig Vertrauen zu Jesus aufgebaut. Da müssen wir Missverständnisse ausräumen; wir müssen bemüht sein, weiter zu unterweisen, damit sie wissen, was eine Entscheidung für diese Person Jesus Christus bedeutet.
- Es gibt aber auch die andere Gruppe, die nicht bereit ist, aus ihrem Wissen persönliche Konsequenzen zu ziehen, die permanent zweifelt, um die Entscheidung für Jesus nicht treffen zu müssen. Diese Menschen wollen gar nicht aus der Zweideutigkeit in die Eindeutigkeit kommen. Bei ihnen gilt es klarzustellen, dass Jesus sagt: »Wer nicht mit mir ist, der ist gegen mich« (Lk 11, 23).
- Und es gibt Menschen, die erkannt haben: Jesus ist der Sohn Gottes, mein Herr und mein Gott. Wenn dies geschieht, wird das Leben einschneidend verändert: An-

gesprochene werden – wie die Samariterin – selbst zu Ansprechenden. Sie bezeugen aus eigener Erfahrung, dass Jesus Christus ihr Leben neu gemacht hat. »Da ließ die Frau ihren Krug stehen und ging hin in die Stadt und spricht zu den Leuten: Kommt, seht einen Menschen, der mir alles gesagt hat, was ich getan habe, ob er nicht der Christus sei. Da gingen sie aus der Stadt und kamen zu ihm.«

Sein Wort kommt nicht leer zurück. Haben wir den Mut, es täglich mit »Herzen, Mund und Händen« zu bezeugen.

16. Leitsatz:
Von Jesus Seelsorge lernen, heißt:
Wir wollen, dass Überzeugte selbst zu Zeugen werden. (Verse 29–42)

Das modellhafte Leben hat unübersehbare Folgen. Es vermittelt Mut zum Anderssein. Christen leben anders; sie reden nicht nur anders. Sie geben mit ihrem Leben Zeugnis von den biblischen Maßstäben, die sie bestimmen.

Lassen wir uns ganz neu mit hineinnehmen in dieses Bezeugen des Namens Jesu, in dem allein Heil ist. Fest vertrauend, dass sein Wort nicht leer zurückkommt, damit wir erfahren, womit unser Bibeltext ausklingt:

»Es glaubten aber an ihn viele Samariter aus dieser Stadt um der Rede der Frau willen, welche bezeugte: Er hat mir alles gesagt, was ich getan habe. Als nun die Samariter zu ihm kamen, baten sie ihn, bei ihnen zu bleiben; und er blieb zwei Tage da. Und noch viel mehr glaubten um seines Wortes willen und sprachen zu der Frau: Von nun an glauben wir nicht mehr um deiner Rede willen; wir haben selber gehört und erkannt: Dieser ist wahrlich der Welt Heiland.«

Mit einem Zitat von Hudson Taylor, das die wesentlichen Punkte eines missionarisch-seelsorgerlichen Gesprächs zusammenfasst, möchte ich dieses Kapitel beenden:

»Seelsorge ist: Wenn du verstehst, durch Gebet, durch Gemeinschaft, mit Takt, Liebe, Nachsicht und Geduld mein Gewissen zu wecken, und mich so dazu bringst, dass ich mich von meinen falschen Wegen zu dem richtigen wende, wenn ich Unrecht getan habe.«

Diese Sätze erinnern an Psalm 139, die Verse 23-24:

»Erforsche mich, Gott, und erkenne mein Herz; prüfe mich und erkenne, wie ich's meine. Und siehe, ob ich auf bösem Wege bin, und leite mich auf ewigem Wege.«

Der Kranke am Teich Betesda

Sehen — hören — fragen — reden — respektieren —
nachgehen

Die Stichworte, mit denen wir uns befassen: Sehen – hören – fragen – reden – respektieren – nachgehen.

Zunächst einige grundsätzliche Vorbemerkungen zum Johannes-Evangelium. Sie helfen, unseren Text, Kapitel 5, die Verse 1-9.13-15 besser zu verstehen. Es geht um das Seelsorgegespräch Jesu mit dem seit 38 Jahren Kranken am Teich Betesda.

Diese Geschichte *ist eins der sieben Wunder,* die Johannes berichtet. Es ist aufschlussreich, was er *am Ende seines Evangeliums schreibt:*

»Noch viele andere Zeichen tat Jesus vor seinen Jüngern, die nicht geschrieben sind in diesem Buch. Diese aber sind geschrieben, damit ihr glaubt, dass Jesus, der Christus ist, der Sohn Gottes, und damit ihr durch den Glauben das Leben habt in seinem Namen« (Joh 20, 30-31).

Johannes hat also *seine Wunderberichte gezielt ausgewählt.* Wenn wir sie der Reihe nach lesen, stellen wir eine *Absicht* fest: Er will damit den *Heilsplan Gottes* mit den Menschen einsichtig machen. *Über allen Berichten steht Jesu Wort:* »Wahrlich, wahrlich, ich sage euch: Wer mein Wort hört und glaubt dem, der mich gesandt hat, der hat das ewige Leben und kommt nicht in das Gericht, sondern er ist vom Tode zum Leben hindurchgedrungen« (Joh 5, 24).

Die ersten drei Wunder, die Johannes berichtet, zeigen, *wie* der Mensch gerettet wird:

1. Wunder. Johannes 2: Die Verwandlung des Wassers in Wein.

Der *Hauptgedanke:* Das Heil kommt durch das Wort.

2. Wunder. Johannes 4: Die Heilung des Sohnes eines königlichen Beamten.

Der *Hauptgedanke:* Das Heil kommt durch den Glauben an das Wort.

3. Wunder. Johannes 5 – unser Text. Die Heilung eines seit 38 Jahren Kranken.

Der *Hauptgedanke:* Das Heil kommt durch die Gnade.

In den *nächsten drei Wundern* zeigt Johannes die Auswirkung des Gerettetseins, *was* die Folge ist.

5. Wunder. Johannes 6: Die Stillung des Sturms.

Der *Hauptgedanke:* Friede kommt ins Leben.

6. Wunder. Johannes 9: Heilung des blinden Mannes.

Der *Hauptgedanke:* Licht kommt ins Leben.

7. Wunder. Johannes 11: Die Auferweckung des Lazarus.

Der *Hauptgedanke:* Ewiges Leben kommt ins menschliche Leben.

Zwischen diesen beiden Dreiergruppen wird ein viertes Wunder berichtet:

4. Wunder. Johannes 6: Die Speisung der Fünftausend.

Der Hauptgedanke: Wenn ein Mensch von Gottes Wort erreicht wird, soll er es an andere weitergeben. Das Brot des Lebens ist uns gegeben, um es an andere auszuteilen.

Denn Jesus ist gekommen, dass wir Leben im Überfluss haben (Joh 10, 10 b).

Nach diesen *grundsätzlichen Vorbemerkungen* zu den Wundern im Johannes-Evangelium, nun der Text, mit dem wir uns gleich befassen: Joh 5, 1-9.14-16:

»An einem der jüdischen Feiertage ging Jesus nach Jerusalem. Dort liegt in der Nähe des Schaftors der Teich Betesda, wie er auf Hebräisch genannt wird. Er ist von fünf Säulenhallen umgeben. Viele Kranke, Blinde, Gelähmte und Gebrechliche lagen in den Hallen und warteten darauf, dass sich Wellen auf dem Wasser zeigten. Von Zeit zu Zeit bewegte nämlich ein Engel das Wasser. Wer dann als Erster in den Teich kam, der wurde gesund; ganz gleich, welches Leiden er hatte.

Einer von den Menschen, die dort lagen, war schon seit achtunddreißig Jahren krank. Als Jesus ihn sah und hörte, dass er schon so lange an seiner Krankheit litt, fragte er ihn: »Willst du gesund werden?« »Ach Herr«, entgegnete der Kranke, »ich habe niemanden, der mir in den Teich hilft, wenn sich das Wasser bewegt. Versuche ich es allein, komme ich immer zu spät.« Da forderte ihn Jesus auf: »Steh auf, rolle deine Matte zusammen und geh!« In demselben Augenblick war der Mann geheilt ... Er nahm seine Matte und ging glücklich seines Weges.

... Später traf Jesus den Geheilten im Tempel und sagte zu ihm: »Du bist gesund geworden. Sündige nicht mehr, damit du nicht etwas Schlimmeres als deine Krankheit erlebst.« Da ging der Mann zu den Juden und berichtete: »Es war Jesus, der mich geheilt hat.«

Zwei grundsätzliche Anmerkungen zu unserem Text:
1) Zeichen und 2) Wunder.

1) Unser Text will als Zeichen verstanden werden, das über sich hinausweist. Zeichen geschehen in Erwartung eines kommenden Handelns Gottes und nehmen es zugleich vorweg. Sie sind sozusagen Angeld auf etwas Vollkommenes. Wer das nicht zur Kenntnis nimmt, kann Probleme mit unserem Text bekommen. Denn wir müssen davon ausgehen, dass Jesus nur diesen einen Menschen heilte und die anderen – vordergründig gesehen – ihrem Schicksal überließ.

Wenn wir nun allerdings die eingangs gemachten Ausführungen berücksichtigen, die deutlich machen, mit welcher Absicht Johannes sein Evangelium geschrieben hat, bekommen wir hilfreichen Zugang zu unserem Text: Er will die Gnade Gottes bildhaft erklären. Sie gilt uneingeschränkt, ohne Ansehen der Person – allen Menschen. Keiner hat ein Anrecht darauf, jeder ist dazu eingeladen, denn »sie sind allzumal Sünder und mangeln des Ruhms, den sie vor Gott haben sollten« (Röm 3, 23).

2) Wunder sind Gegebenheiten, welche die bekannten Naturgesetze durchbrechen und für eine Zeitspanne außer Kraft setzen. Ob wir dies Zufall oder Fügung nennen, beides weist auf Gott, den Schöpfer und Herrn des Himmels und der Erden, den Allmächtigen, Allwissenden, Allgegenwärtigen.

Ich weiß nicht, wie ein Wunder geschieht. Doch ist mir klar, dass wir unser modernes menschliches Weltbild nicht zum Maßstab machen können für das, was Gott tun kann.

Das gilt auch für seine Krafttaten, seine Heilungen. So schwierig manche dem modernen Verständnis fallen mögen – gerade die neuste Medizin hat ja die Einsicht in die Einheit von Geist, Seele und Leib neu erkannt. Man weiß heute, wie viele Krankheiten ihren Ursprung im Seelischen haben. – Jesus macht ernst damit, dass er Geist, Seele und Leib heilt, indem er das vergiftete Seelenleben durch die ihm von Gott gegebene Autorität und Vollmacht entgiftet. Auch seinen Jüngern gibt er Vollmacht, solches zu tun (Mt 10, 5-8a).

Jesus wird uns nicht durch die Zeichen und Wunder als Gottes Sohn bewiesen; vielmehr schenkt Gott uns den Glauben an Jesus Christus als seinen Sohn, aus Gnaden, wenn wir ihm und seinem Wort vertrauen und gehorchen. Dann können wir auch an die Wunder Jesu glauben, weil er für uns der Heiland und Herr ist.

Von Jesus Seelsorge lernen heißt: Mit ihm leben, in seiner Nähe bleiben (1, 39), ihm zusehen, zuhören, zuschauen, wie er fragt, redet, respektiert und den Menschen nachgeht.

Gehen wir an unserem Text entlang:

»An einem der jüdischen Feiertage ging Jesus nach Jerusalem.«

Jesus ist unterwegs zu einem Fest in Jerusalem. Entweder war es das Laubhüttenfest im Herbst oder das Passafest im Frühling, wie Ausleger meinen.

»Dort liegt in der Nähe des Schaftors der Teich Betesda, wie er auf Hebräisch genannt wird. Er ist von fünf Säulenhallen umgeben.« Betesda heißt »Haus der Barmherzigkeit, des Erbarmens«. Ausleger deuten die fünf Säulenhallen als Hinweis auf unsere fünf Kontinente.

»Viele Kranke, Blinde, Gelähmte und Gebrechliche lagen in diesen Hallen und warteten darauf, dass sich die Wellen auf dem Wasser zeigten.«

Jesus wird mit geballtem Elend konfrontiert. Doch er schreckt davor nicht zurück, hat auch keine Berührungsängste, wird nicht verunsichert davon, so dass er ihm hilflos ausgeliefert wäre. Was das Wasser betrifft, geht man davon aus, dass wir es hier mit einer zeitweise sprudelnden Heilquelle zu tun hatten, die Natur-Heilkräfte besaß.

»Von Zeit zu Zeit bewegte nämlich ein Engel Gottes das Wasser.«

Damit wird das Wunderbare beschrieben. Es ist eine eigene Thematik, auf die ich hier nicht eingehen will. Wer sich dafür mehr interessiert, den mache ich auf mein Buch aufmerksam: »Wunderbar geborgen«, das sich umfassend mit dem Thema »Engel« befasst.

»Wer dann als Erster in den Teich kam, der wurde gesund; ganz gleich, welches Leiden er hatte.«

Die Formulierung »als Erster« zeigt einen Konkurrenzkampf, der sich dann immer wieder abspielte, wenn sich das Wasser bewegte. Es ist hart und enttäuschend, ja zum Resignieren, immer zu spät zu kommen.

»Einer von den Menschen, die dort lagen, war schon seit achtunddreißig Jahren krank.«

Wer seit 38 Jahren krank ist, hat sich oft mit seinem Schicksal abgefunden. Die Frage ist jedoch wie. Darin liegt Spannung. Das Wie entscheidet darüber, ob jemand resigniert hat, ihm alles egal ist, ob er weiter im Aufbegehren steckt oder ob er ein Ja zu seiner Lebenslage gefunden hat und konstruktiv damit umgeht. Ob er noch immer mit Gottes Eingreifen, gleich welcher Art, rechnet.

»Jesus ging nach Jerusalem ...«

Jesus ist unterwegs nach Jerusalem. Obwohl er ein Ziel hat, lässt er sich von seinem Weg ablenken. Seine Augen entdecken den Kranken, der schon seit 38 Jahren am Teich Betesda liegt.

Jesus nimmt sich Zeit für den einzelnen Menschen – ein Prinzip, das uns in der Seelsorge Jesu immer wieder begegnet. Er lässt sich auf seinem Weg unterbrechen, um zu sehen und zu hören, Fragen zu stellen und miteinander zu reden, Entscheidungen zu respektieren und dem Gesprächspartner auch nachzugehen, um zu helfen und zu heilen.

1. Leitsatz
Von Jesus Seelsorge lernen heißt:
Zeit haben für den, der meiner Hilfe bedarf.

Ein kleiner Exkurs zum Thema Helfen und Heilen:

Jesus hat die Absicht, den Kranken zu heilen. Was sind unsere Motive, wenn wir einem Menschen in Not begegnen und uns ihm zuwenden? Wir sollten jetzt nicht vorschnell antworten: Selbstverständlich ihm helfen. So selbstverständlich ist das meines Erachtens nicht immer. Hinter den Motiven zum Helfen verbergen sich nicht selten ganz andere »Absichten«, die recht »fragwürdig« sind.

* Da kümmert sich z. B. einer um einen Kranken und verdrängt damit seine eigenen Probleme. Er verschafft sich ein Alibi, um sich nicht mit seinen eigenen Konflikten auseinandersetzen zu müssen. Seine Aktivitäten für andere werden zum Ersatz für die Ruhe, die notwen-

dig wäre, um seine eigene Problematik konstruktiv zu verarbeiten.

* Oder da geht einer mit seinem Helfenwollen einem Menschen aus dem Weg – der eigenen Frau, dem eigenen Mann, der Schwiegermutter, dem Kind oder wer immer es sein mag. Er hat Heidenangst davor, sich diesen Konflikten zu stellen. Leichtfertig setzt er sich darüber hinweg. Er treibt damit aber eine Vogel-Strauß-Politik. Das Verdrängte agiert vergiftend weiter.

* Ein anderer »sieht« es einfach gern, in Sachen »Helfen« als Fachmann zu gelten. Er versucht damit, sein Selbstwertgefühl aufzubessern. Das steht sonst auf sehr wackligen Füßen. Auch diese »Absicht« ist »fragwürdig«! Bei mangelndem »Erfolg« stellt man sich gleich wieder selbst in Frage. Die Talfahrt geht weiter.

* Wer meint, bei seinen Helfer-Motiven gäbe es solche unlauteren Absichten nicht, ist gewiss nicht ehrlich zu sich selbst. Wir kranken – der eine mehr, der andere weniger – alle daran, dass unsere Helfer-Absichten nicht ganz rein sind. In dem Maße, wie wir hier »falsch liegen«, geht auch unsere Hilfe daneben. In dem Maße, wie unsere Motive aufrichtig sind, werden wir »aufrichten«, andere und uns selbst.

Bei Jesus sieht das alles ganz anders aus. Ihm geht es tatsächlich ums Wohl und Heil des Kranken. Er sieht ihn und nimmt ihn wahr als den von Gott Getrennten, den Sünder, der ohne Gemeinschaft mit Gott verloren ist. Deswegen will er ihm helfen und ihn heilen.

Nach diesem kleinen Exkurs zurück zu unserem Text: »Als Jesus ihn sah …«

Jesus sieht den Kranken in seiner Not. Er übersieht ihn nicht. Er sieht nicht weg. Wechselt nicht den Bürgersteig.

Er nimmt ihn in seiner umfassenden Problematik wahr. Jesu Sehen ist ein tieferes Hinschauen. Er hat Einblick, Durchblick, Weitblick.

2. Leitsatz
Von Jesus Seelsorge lernen heißt:
Hinsehen, wahrnehmen.

»Als Jesus ihn sah und hörte, dass er schon so lange an seiner Krankheit litt ...«

Dem Sehen, dem Hinsehen Jesu folgt das Zuhören.

Jesus nimmt sich Zeit, um die Krankengeschichte des Lahmen anzuhören. Er will ihn verstehen. So zeigt er, dass er ihn ernst nimmt, ja annimmt. Jesus bedrängt ihn nicht. Er hat Geduld. Dieses Zuhören schafft Vertrauen, schafft eine Brücke von Herz zu Herz. Es ist Ausdruck seiner tiefen Beteiligung, der Bereitschaft zum Sich-Mitteilen-Lassen.

Danach erst, nachdem sich Jesus umfassend informiert hat, mit wem er es hier zu tun hat, fragt er den Kranken.

3. Leitsatz
Von Jesus Seelsorge lernen heißt:
Fragen.

»Als Jesus ihn sah und hörte, dass er schon so lange an seiner Krankheit litt, fragte er ihn: Willst du gesund werden?«

Vielleicht denken Sie: Wie kann man nur so fragen? Wie sollte ein Mensch, der seit 38 Jahren krank darniederliegt, nicht gesund werden wollen?! Nun, so klar ist das gar nicht immer! Die seelsorgerliche Erfahrung zeigt, und die

Psychologie unterstreicht es, dass es erschütternde Beispiele dafür gibt, dass Menschen geradezu in ihre Krankheit flüchten, und alles, nur nicht gesund werden wollen. Es ginge ihnen ja sonst die Zuwendung, die sich jetzt auf sie konzentriert, verloren. Sie könnten auch nicht mehr so klagen und andere anklagen wie jetzt. Sie könnten mit ihrer Krankheit auch nicht mehr andere unter Druck setzen, ihnen ein schlechtes Gewissen und Schuldgefühle vermitteln. Sie müssten ja eigene Verantwortung für ihr Leben übernehmen, etwas zur Gestaltung und zum Gelingen, zur Gesundung selbst beitragen.

Am erschütterndsten erlebt man das im Umgang mit Suchtkranken. Es ist oft so widersinnig: Trotz aller gesundheitlichen und sozialen Schäden, trotz der umfassenden, wirklich Hilfe versprechenden Angebote, ist oft keine Bereitschaft da, sich behandeln, sich helfen, sich heilen zu lassen. Weder überrumpelt Jesus den Kranken noch überredet er ihn, sich heilen zu lassen. Er stülpt ihm die Hilfe auch nicht einfach über. Wir stehen manches Mal in Gefahr, das zu tun, wenn wir z. B. nicht warten können, bis der rechte Augenblick zum Helfen gekommen ist; wenn wir diese Sperre nicht sehen, dass der andere noch gar nicht so weit ist, sich wirklich helfen zu lassen; also mitzumachen. Wir wundern uns dann, wenn unsere Hilfe nicht durchgreifend ist. Wie sollte sie auch. Der andere steht ja gar nicht dahinter. Wahrscheinlich folgt er – wenn überhaupt – unserem Rat nur uns zuliebe. Er selbst will gar nicht. Für sich sagt er: Ich kann nicht. Doch was soll das? Es ist vordergründig höchstens für uns ein Erfolgserlebnis, dem aber in absehbarer Zeit die große Ernüchterung folgt. So »einfach« ist das Helfen auch wieder nicht. Denn diese Art Hilfe ist für den Kranken keine wirkliche Hilfe.

Durch die Frage Jesu »Willst du gesund werden?« soll der Kranke sich klar werden, was er eigentlich will. Jesus respektiert den persönlichen Willen und die eigene Entscheidung eines Menschen. Keinem wird etwas aufgezwungen. Auch wir sollten das nicht tun und diesbezüglich von Jesu Seelsorge lernen.

4. Leitsatz
Von Jesus Seelsorge lernen heißt:
Respektieren.

»Willst du gesund werden?« – Das ist Jesu erstes Wort an den Kranken. Jesus knüpft damit an dessen tiefere Botschaft an, um die sich wohl all sein Denken und Fühlen dreht. Dort holt er ihn ab. Der Kranke kann sich aussprechen, herauslassen, was ihn umtreibt: seinen Frust, seine Enttäuschung, seine Bitterkeit, seinen Zorn, seine Resignation, seine Warum-Fragen, sein Nicht-Verstehen.

Seine Krankengeschichte erzählen können, ist schon oft ein Stück Entlastung. Daran teilnehmen erleichtert. Wir brauchen vor solch geballtem Elend keine Angst zu haben und uns aufgrund dessen nicht zurückzuziehen. Solche Hilflosigkeit, solche Berührungsängste ergeben oft beim Helfer ein falsches Reagieren, das Gefühl beginnt über den Verstand zu dominieren. Verunsicherung tritt ein. Missverständnisse sind dadurch vorprogrammiert.

Jesu Frage weckt leise Hoffnung in dem Kranken, macht in ihm wieder lebendig, was schon tot schien. Jesu Fragen bricht den Bann der Verschlossenheit, des Stummseins. Der Kranke beginnt zu reden, sich aufzuschließen, sich zu öffnen. Es beginnen sich neue Lebenskräfte in ihm zu regen.

Für das seelsorgerliche Gespräch heißt das: Mut zum einfühlsamen Fragen, langsam mit der Antwort (Jak 1, 19). Alles hat seine Zeit. Jesus hat Liebe, hat Hoffnung für ihn. Er kapituliert nicht vor dieser Lebenslage. Sie ist für ihn nicht aussichtslos. Menschlich gesehen gibt es wohl hoffnungslose Fälle, wo alle menschliche Hilfe am Ende ist. Mit den Augen Jesu gesehen gibt es sie aber nicht. Deshalb bemüht sich Jesus um den Kranken.

Unser Glaube, unsere Liebe, unsere Zuwendung, unsere Hilfsbereitschaft sind gefragt. Die Frage ist, ob wir wirklich hilfreiche Nächste sind, die auch dort noch Hoffnung haben, wo der andere sich im Unglauben abgefunden hat mit seinem Elend. Wenn wir nur das sehen, was vor Augen ist, besteht die Gefahr, dass wir einen hoffnungslosen Fall sehen und dann auch hilflos sind. Wir brauchen daher von Gott geöffnete Augen und Ohren und eine von ihm gelehrte Zunge (Jes 50, 4.5), um mit den Hilf- und Hoffnungslosen aufrichtend heilsam sprechen zu können, dass auch ihm im tiefsten Sinne dessen, was Hilfe heißt, geholfen werden kann (1. Tim 2, 4). An dieser entscheidenden Stelle dürfen wir nicht beim Vordergründigen stehen bleiben und sozusagen »beide Augen zudrücken«. Sonst versagen wir dem Hilfesuchenden die eigentliche Hilfe. Wir dürfen also nicht ein paar sogenannte »Hilfsangebote« unterbreiten. Wenn wir da nicht aufrichtig sind, verstärken wir die falsche Einstellung des Kranken. Er denkt ja sowieso: »Mir ist nicht zu helfen!«

Auf Jesu Frage »Willst du gesund werden?« antwortet der Gelähmte:

»Ach Herr, ich habe niemanden, der mir in den Teich

hilft, wenn sich das Wasser bewegt. Versuche ich es aber allein, komme ich immer zu spät.«

Welche Enttäuschung spricht aus diesen Worten: »Ich habe niemanden – bin einsam – komme immer zu spät.« Da ist jemand auf der Schattenseite des Lebens; auf sich selbst geworfen – »ich mit mir allein«; er kann sich selbst nicht helfen; dazu die Konkurrenzsituation; Egoismus; Ellenbogenfreiheit. Das ist seelischer und körperlicher Stress in äußerster Form. So ist das Leben! Er hat sich im Unglauben mit seinem Elend abgefunden: »Mir ist nicht mehr zu helfen! Das Leben geht an mir vorbei.« Wen wundert's, wenn da einer aufgibt?! »Was soll's? Bei mir ändert sich ja doch nichts mehr.«

Trotz dieser emotionalen Äußerungen des Gelähmten bleibt Jesus sachlich in seinem Reden. Jesus hat Hoffnung, hat Liebe, Zuwendung für den Kranken. Das kommt diesem entgegen, weckt Vertrauen und Glauben in ihm, dass ihm vielleicht doch noch zu helfen ist. Und Jesus spricht das lösende, heilende, aufrichtende Wort, das den Lahmen aus der Erstarrung führt, ihn auf die Beine stellt: »Stehe auf, rolle deine Matte zusammen und geh!«

Jesu Worte haben schöpferische, heilende Kraft. Diese heilbringende und heilmachende Kraft gibt es nur im Namen Jesu Christi. Das gilt es bewusst zu beachten auch für unseren seelsorgerlichen Dienst. Nur darin besteht die vollmächtige Rede im Namen Jesu Christi.

5. Leitsatz
Von Jesus Seelsorge lernen heißt:
Reden.

Wenn man im Lexikon unter »Therapie« nachliest, wird dieses Wort mit »Heilsbehandlung« wiedergegeben. In Therapie und Behandlung sehe ich allerdings nicht das-selbe. Mit dem Wort Behandlung verbinde ich die Vorstel-lung, dass dabei einer aktiv ist (der Arzt, der Therapeut) und der andere sich völlig passiv verhält (der Patient, der Rat- und Hilfesuchende). In der Therapie sind meines Erachtens beide beteiligt. Die Hilfe und Heilung hängen von dem Arzt und dem Patienten ab.

Jesus erwartet, dass der Patient mitmacht. Er heilt ihn nicht gegen seinen Willen. Darum wendet er sich zum zweiten Mal an seinen Willen: »Steh auf! Roll deine Matte zusammen und geh!«

Das heißt doch: Ohne deine Mitarbeit, deinen Willen, geht es nicht. Du musst etwas tun, musst wollen. Wenn dein Wille in meinen Willen eingeht, geschieht Neues (Joh 14, 13). Du musst die Konsequenz deiner Heilung tragen: dein Bett! Statt auf ihm zu liegen, sollst du es auf dich nehmen.

Es ist wunderbar, dass der Kranke der Aufforderung Jesu folgt. Im Vollzug dieses Gehorsams den Worten Jesu gegenüber wird er gesund. Er erlebt: »Dein Wort macht Leib und Seel gesund.« Wir lesen: »In demselben Augen-blick war der Mann geheilt. Er nahm seine Matte und ging glücklich seines Weges.«

Als der Mann in unserer Geschichte von Jesus weggeht, ist er geheilt, aber nicht heil. Der Mann ist körperlich ge-sund geworden, aber innerlich, im seelisch-geistlichen Bereich, ist er noch unverändert. Sicherlich ist er voll Freude und Dank, das lesen wir ja. Aber an die Konse-quenzen seiner Heilung hat er noch nicht gedacht. So kann er auch kein Zeugnis für Jesus sein. Als er von den Juden gefragt wird, wer ihn geheilt hat, kann er das nicht sagen. Doch Jesus geht ihm nach. Es reicht oft nicht aus, wenn es zur Heilung und zum Heilwerden kommen soll, sich einem Menschen nur einmal zuzuwenden. Meistens sind mehrere Gespräche notwendig, ja eine ganze Gesprächsreihe, bis jemand Wohl und Heil erfährt.

Jesus ist zur Stelle, als der Geheilte einer neuen Belastungsprobe ausgesetzt ist, als er durch die Fragen der Juden unter Druck kommt: »Einige der Juden, die den Geheilten sahen, hielten ihm vor: »Heute ist doch Sabbat! Da ist es nicht erlaubt, diese Matte zu tragen.« »Aber der Mann, der mich heilte, hat es mir ausdrücklich befohlen«, antwortete er ihnen. »Wer hat dir so etwas befohlen?«, fragten sie ihn. Doch das wusste der Mann nicht, denn Jesus war unbemerkt in der Menschenmenge verschwunden« (Vers 10-13).

6. Leitsatz
Von Jesus Seelsorge lernen heißt:
Nachgehen.

Dann begegnet ihm Jesus wieder und sagt zu ihm: »Du bist gesund geworden. Sündige nicht mehr, damit du nicht Schlimmeres als deine Krankheit erlebst.« Da ging der Mann zu den Juden und berichtete: »Es war Jesus, der mich geheilt hat.«

Dieser Satz ist schwer verständlich: »Sündige nicht mehr, damit du nicht Schlimmeres als deine Krankheit erlebst.« Will Jesus damit sagen, dass seine Krankheit doch auf eine bestimmte Sünde zurückgeht? Wir wissen es nicht. Es hilft uns weiter, wenn wir etwas mehr über das Wort »Sünde« nachdenken.

Im Griechischen bedeutet das Wort Sünde (»hamartia«) = Zielverfehlung. So wie die Sünde – (= Eigenwilligkeit des Menschen, das Nicht-nach-Gottes-Willen-Fragen, ihm nicht die gebührende Ehre geben als einziger Autorität unseres Lebens) – uns das Ziel unseres Lebens verfehlen lässt, wenn wir nicht in Lebensgemeinschaft mit Gott kommen, so hat die Krankheit dem Gelähmten Sinn und Ziel seines Lebens geraubt.

Die Krankheit hatte sein Leben bestimmt statt Gott. Jesus sagt nun: Gib Acht! Lass es nicht wieder so weit kommen. Du hast jetzt Sinn und Ziel deines Lebens geschenkt bekommen. Denn »in Gemeinschaft mit Gott leben und ihm dienen dürfen, das gibt unserem Leben den rechten Sinn und Wert« (Spörri). Das bezeuge den Menschen und lade sie somit auch ein in die lebenspendende Gemeinschaft mit mir.

Nicht nur Jesu Seelsorge an den Menschen ist von der Liebe Gottes zum Verlorenen geprägt, auch unsere Seelsorge lebt von dieser tiefen Jesusliebe, die sieht, zuhört, fragt, redet, respektiert, nachgeht.

Lazarus

Erkennen — warten — hoffen — schauen

»Lazarus, der in Betanien wohnte, war schwer erkrankt. In diesem Dorf wohnten auch seine Schwestern Maria und Marta. (Maria war es gewesen, die mit kostbarem Salböl die Füße des Herrn übergossen und sie mit ihrem Haar getrocknet hatte.) Weil ihr Bruder Lazarus so krank war, ließen die beiden Schwestern Jesus die Nachricht zukommen: ›Herr, dein Freund Lazarus ist schwer erkrankt!‹ Als Jesus das hörte, sagte er: ›Diese Krankheit führt nicht zum Tode, sondern durch sie soll die Macht Gottes sichtbar werden, und der Sohn Gottes wird dadurch verherrlicht.‹

Jesus hatte Marta, ihre Schwester Maria und Lazarus lieb. Aber obwohl er nun wusste, dass Lazarus schwer krank war, wartete er noch zwei Tage. Erst danach sagte er zu seinen Jüngern: ›Wir wollen wieder nach Judäa gehen.‹ Doch seine Jünger wandten ein: ›Herr, vor kurzem haben deine Feinde in Judäa versucht, dich umzubringen. Und jetzt willst du wieder dorthin?‹ Jesus antwortete: ›Zwölf Stunden am Tag ist es hell. Wer sicher laufen will, muss diese Zeit nutzen; denn nur bei Tageslicht sieht er den Weg. Wer nachts unterwegs ist, wird in der Dunkelheit verirren.‹

Nachdem er das seinen Jüngern gesagt hatte, meinte er: ›Unser Freund Lazarus schläft jetzt, aber ich will hingehen und ihn aufwecken!‹ ›Wenn er schläft, wird er bald wieder gesund sein‹, erwiderten die Jünger. Sie glaubten nämlich, Jesus hätte vom gewöhnlichen Schlaf gesprochen, aber er redete vom Tod des Lazarus. Deshalb sagte er ihnen jetzt: ›Lazarus ist tot. Doch euretwegen bin ich froh, dass ich nicht bei ihm gewesen bin. Denn jetzt könnt ihr lernen, was Glauben heißt. Wir wollen jetzt gemeinsam zu ihm gehen!‹ ›Ja‹, sagte Thomas – den man auch den Zwilling nannte – zu den anderen Jüngern, ›wir wollen mit Jesus nach Judäa gehen und dort mit ihm sterben.‹

Als sie in Betanien ankamen, lag Lazarus schon vier Tage im Grab. Betanien ist nur wenige Kilometer von Jerusalem entfernt. Deswegen waren viele Juden zu Maria und Marta gekommen, um beiden Schwestern zu trösten. Als Marta hörte, dass Jesus auf dem Wege zu ihnen war, lief sie ihm entgegen. Maria aber blieb zu Hause.

Traurig sagte Marta zu Jesus: ›Herr, wärst du hier gewesen, würde mein Bruder noch leben. Aber auch jetzt weiß ich, dass Gott dir alles geben wird, worum du ihn bittest.‹ ›Dein Bruder wird wieder leben!‹ versicherte ihr Jesus. ›Ja, ich weiß‹, sagte Marta, ›am letzten Tag, am Tag der Auferstehung.‹

Darauf erwiderte ihr Jesus: ›Ich bin die Auferstehung, und ich bin das Leben. Wer an mich glaubt, der wird leben, selbst wenn er stirbt. Und wer lebt und an mich glaubt, wird niemals sterben. Glaubst du das?‹ ›Ja, Herr‹, antwortete ihm Marta. ›Ich glaube, dass du Christus bist, der Sohn Gottes, auf den wir so lange gewartet haben.‹

Jetzt lief Marta zu ihrer Schwester Maria. Ohne dass die übrigen Trauergäste es merkten, flüsterte sie ihr zu: ›Jesus ist da und will dich sprechen!‹ Maria stand sofort auf und lief ihm entgegen. Jesus hatte das Dorf noch nicht erreicht, sondern war dort geblieben, wo Marta ihn getroffen hatte. Als Maria aufsprang und ganz eilig das Haus verließ, meinten die Juden, die Maria trösten wollten: ›Sie will am Grab weinen‹ und folgten ihr.

Aber Maria lief zu Jesus. Sie fiel vor ihm nieder und rief: ›Herr, wenn du da gewesen wärst, würde mein Bruder noch leben!‹

Jesus sah, wie sie und die Trauergäste weinten. Da wurde er zornig, war aber zugleich tief bewegt. ›Wo habt ihr ihn hingelegt?‹ fragte er. Sie antworteten: ›Komm, Herr, wir zeigen es dir!‹ Alle sahen, dass Jesus weinte. ›Seht‹, sagten die Juden, ›er muss ihn sehr lieb gehabt haben!‹ Doch einige flüsterten einander zu: ›Einen Blinden hat er sehend gemacht. Hätte er nicht verhindern können, dass Lazarus starb?‹

Da wurde Jesus erneut zornig. Er trat an das Grab. Es war eine Höhle, die man mit einem großen Stein verschlossen hatte. ›Hebt den Stein weg!‹, befahl Jesus. Aber Marta, die Schwester des Verstorbenen, sagte: ›Herr, der Geruch wird unerträglich sein! Er ist doch schon vier Tage tot!‹

›Habe ich dir nicht gesagt‹, entgegnete ihr Jesus, ›du würdest die Macht der Herrlichkeit Gottes sehen, wenn du nur glaubtest?‹

Nachdem sie den Stein weggeschoben hatten, sah Jesus zum Himmel und betete: ›Vater, ich danke dir, dass du mein Gebet erhört hast! Ich weiß, dass du mich immer erhörst, aber ich sage es wegen der vielen Menschen, die hier stehen. Sie sollen alles miterleben und glauben, dass du mich gesandt hast.‹

Dann rief er laut: ›Lazarus, komm heraus!‹ Und Lazarus kam heraus. Hände und Füße waren mit Grabtüchern umwickelt, und auch sein Gesicht war mit einem Tuch verhüllt. ›Nehmt ihm die Tücher ab‹, forderte Jesus die Leute auf, ›und lasst ihn gehen.‹

Viele von den Juden, die bei Maria gewesen waren, glaubten an Jesus, nachdem sie gesehen hatten, was er tat. Aber einige liefen schnell zu den Pharisäern und berichteten ihnen alles.« (Johannes 11, 1-46)

Zunächst eine Vorbemerkung zu unserem Text:

Der Hinweis auf Marta und Maria, die Schwestern des Lazarus, zeigt, dass die beiden Schwestern und ihr Bruder den Lesern des Johannes-Evangeliums bekannt sind, obwohl Johannes bisher noch nicht von ihnen geschrieben hat. Von der bereits hier erwähnten Salbung Jesu durch Maria wird erst im nächsten Kapitel berichtet (Verse 1-2).

Nun zum Text:

Jesus verbindet eine besondere Freundschaft mit diesen drei Menschen. Daraus lässt sich erklären, dass die beiden Schwestern Marta und Maria Jesus ausrichten lassen:

»Herr, dein Freund Lazarus ist schwer erkrankt!« (Vers 3).

Näheres über die Krankheit erfahren wir nicht. Das scheint für Johannes nicht wesentlich. Wesentlich ist ihm die geistliche Diagnose Jesu:

»Diese Krankheit führt nicht zum Tode, sondern durch sie soll die Macht Gottes sichtbar werden, und der Sohn Gottes wird dadurch verherrlicht« (Vers 4).

Jede Krankheit trägt in sich den Keim der Vergänglichkeit und ist damit Hinweis auf unser Sterben. Keine noch so moderne Medizin kann diesen tödlichen Keim außer Kraft setzen. Doch Jesus gibt der Krankheit einen neuen Sinn und ein neues Ziel.

»Diese Krankheit führt nicht zum Tode.«

Tod ist in der Bibel ein theologischer Begriff und meint die ewige Trennung von Gott als Bezahlung für unsere Sünde, für unseren Eigenwillen (Röm 6, 23; 1. Kor 15, 56). Gerade diese Gegebenheit will Jesus am Grab des Lazarus demonstrativ außer Kraft setzen und damit Gott, den Vater, und sich, als Mensch gewordener Gott, vor den Augen der Menschen verherrlichen. Bei seinen bisherigen Wundern, die alle diesem Zweck dienen, dass die Menschen erkennen: »Gott ist in Jesus zu ihnen gekommen, um sie zum ewigen Leben zu führen«, hat Jesus stets am Leben angeknüpft, das er vorfand. Nun wird er seine Macht am Sterben und Tod demonstrieren. Der unsichtbare Vater im Himmel soll am sichtbaren Sohn auf Erden, dem alle Macht im Himmel und auf Erden gegeben ist, verherrlicht werden. Uns wird hier eine erste seelsorgerliche Hilfe für den Umgang mit Krankheit und Sterben gegeben, die im Glauben angenommen und praktiziert sein will. Das ist nicht so schnell einsichtig. Wir haben da auch – wie Marta und Maria, wie die Jünger und die Juden, die dabei waren – unsere Schwierigkeiten und mancherlei Einwände, unsere Wenn und Aber. Doch diese will Jesus beantworten.

1. Leitsatz
Von Jesus Seelsorge lernen heißt:
In Krankheit und Sterben des Christen will Gott seine Herrlichkeit offenbaren.

Jesu Macht und Sieg über Sünde, Tod und Teufel soll in der Auferweckung des Lazarus groß werden. Sie ist eine zeichenhafte Vorwegnahme dessen, was Gott wenig später demonstrativ durch die Auferstehung seines Sohnes verwirklicht und woran in seinem Gefolge jeder, der an ihn glaubt, teilhat. Denn Jesu »Tod ist seine eigentliche Verherrlichung (17, 1). Weil der »Fürst des Lebens« die Auferstehung und das Leben ist, wird seine »Erhöhung« an das Kreuz, sein Sterben am Fluchholz die Rettung der Verlorenen aus dem Tod in das ewige Leben« (3, 15; Werner de Boor).

Damit bekommen auch wir ein wegweisendes Wort im Blick auf Sinn und Ziel von Krankheit, einerlei wie unsere Krankheit äußerlich verläuft und endet. Es stimmt nicht, dass an Jesus Christus glaubende Menschen nicht krank werden, aber jeder Glaubende darf das Wort Jesu auch für sich und seine Krankheit gültig wissen: »Diese Krankheit führt nicht zum Tode, sondern durch sie soll die Macht Gottes sichtbar werden, und der Sohn Gottes wird dadurch verherrlicht« (Vers 4).

Dass Jesus mit seiner Hilfe zögert (Vers 6), ist nicht etwa Lieblosigkeit. Darauf soll wohl der Satz hinweisen (Vers 5):

»Jesus hatte Marta, ihre Schwester Maria und Lazarus lieb.«

Es geht Jesus mit seinem Warten vielmehr darum, deutlich zu machen, was eilig und was wichtig ist. Doch die Jünger verstehen Jesu Absicht nicht. Sie sind so sehr in ihren eigenen Gedanken gefangen, dass sie gar nicht richtig zuhören, was Jesus ihnen sagt. So können sie auch nicht verstehen, was er will, nämlich deutlich machen, dass Gottes Zeit nicht unsere Zeit ist.

»Aber obwohl Jesus nun wusste, dass Lazarus schwer krank war, wartete er noch zwei Tage. Erst dann sagte er zu seinen Jüngern: »Wir wollen wieder nach Judäa gehen« (Verse 6-7).

Damit sind die Jünger nun gar nicht einverstanden. Sie haben Angst. Zwar vordergründig um ihren Meister, um Jesus, letztlich aber um ihr eigenes Leben. Es geht ihnen auch gar nicht so sehr um Jesu Freund, den Lazarus, und dass ihm geholfen wird. Ihr eigenes Schicksal steht im Vordergrund:

»Herr, vor kurzem haben deine Feinde in Judäa versucht, dich umzubringen. Und jetzt willst du wieder dorthin?« (Vers 8).

Auch Jesu Erklärung:

»Unser Freund Lazarus schläft jetzt, aber ich will hingehen und ihn aufwecken!« (Vers 11)

Es bringt sie in ihrem Denken nicht weiter. Wenn es um die eigene Haut geht, die eigene Sicherheit und Lazarus nur schläft, dann wird er ja bald wieder gesund. Warum sollen wir dann überhaupt hingehen und uns unnötig in Gefahr bringen?! Doch Jesus enttäuscht seine Jünger.

Er nimmt sie aus ihrer Selbsttäuschung heraus, wenn er nun Klartext spricht:

»Lazarus ist tot. Doch euretwegen bin ich froh, dass ich nicht bei ihm gewesen bin. Denn jetzt könnt ihr lernen, was Glauben heißt. Wir wollen jetzt gemeinsam zu ihm gehen« (Verse 14-15).

Dieses »euretwegen bin ich froh« kann man nur verstehen im Zusammenhang mit dem »jetzt könnt ihr lernen, was Glauben heißt.«

Die Jünger damals und wir heute sollen lernen: Für Gott und seinen Sohn Jesus Christus gibt es kein Unmöglich. Wir finden diese Gewissheit in verschiedenen Aussagen der Bibel ebenso wie in Liedstrophen.

Hebräer 11, 1 zum Beispiel lesen wir:

»Was aber heißt »Glaube«? Der Glaube ist die feste Gewissheit, dass sich erfüllt, was Gott versprochen hat; er ist die tiefe Überzeugung, dass die unsichtbare Welt Gottes Wirklichkeit ist, auch wenn wir sie noch nicht sehen können.« Luther sagt es so: »Es ist aber der Glaube eine feste Zuversicht auf das, was man hofft, und ein Nichtzweifeln an dem, was man nicht sieht.«

Christoph Tietze (1641-1703), ein Liederdichter, drückt es so aus:

»Sollt es gleich bisweilen scheinen, als wenn Gott verließ die Seinen; o so glaub und weiß ich dies: Gott hilft endlich doch gewiss. Hilfe, die er aufgeschoben, hat er drum nicht aufgehoben; hilft er nicht zu jeder Frist, hilft er doch, wenn's nötig ist.«

Auch Johann Daniel Herrnschmidt (1675-1723) weiß davon zu sagen:

»Im Verweilen und im Eilen zeigt sich stets sein Vaterherz. Lass dein Weinen bitter scheinen, dein Schmerz ist ihm auch ein Schmerz.

Glaub nur feste, dass das Beste über dich beschlossen sei. Wenn dein Wille nur ist stille, wirst du von dem Kummer frei. Wenn die Stunden sich gefunden, bricht die Hilf mit Macht herein, und dein Grämen zu beschämen, wird es unversehens sein.«

2. Leitsatz
Von Jesus Seelsorge lernen heißt:
Gottes Zeit ist nicht unsere Zeit. Das Wichtige hat immer Vorrang vor dem Eiligen, wenn es darum geht, dass Gottes Herrlichkeit offenbar wird.

Gehen wir nochmals zurück zu den Versen 14 + 15:

»Jesus sagte ihnen jetzt: ›Lazarus ist tot! Doch euretwegen bin ich froh, dass ich nicht bei ihm gewesen bin. Denn jetzt könnt ihr lernen, was Glauben heißt. Wir wollen jetzt gemeinsam zu ihm gehen.‹«

Was hier Jesus sagt, kann letztlich nur der für sich in Anspruch nehmen, der Jesus liebt und ihm immer wieder uneingeschränkt zu vertrauen lernt, der gegen den Augenschein, gegen das, was er vor Augen hat, Jesu Wort vertraut. Ein kranker Lazarus kann wieder gesund werden, aber ein gestorbener, da bedarf es schon des Glaubens an den, für den es kein »Unmöglich« gibt.

Wenn Jesus sagt: »Wir wollen zu ihm gehen«, dann ist das vielsagend: Auch der Gestorbene ist noch im Bereich seiner Macht. Paulus sagt das später einmal so:

»Denn dazu ist Christus gestorben und wieder lebendig geworden, dass er über Tote und Lebende Herr sei« (Röm 14, 9).

Die Jünger verstehen Jesus immer noch nicht. Und Thomas macht sich zu ihrem Sprecher, wenn er resignierend sagt:

»Wir wollen mit Jesus nach Judäa gehen und dort mit ihm sterben« (Vers 16).

Es ist auffällig, dass Jesus Thomas für seinen Kleinglauben nicht tadelt. Er fordert ihn hier auch nicht zum Glauben auf. Er nimmt ihn ins Schlepptau und lässt ihn nicht zurück. Thomas soll in den Glauben hineinwachsen: miterleben, sehen, erkennen, glauben und dann Jesu Wort vertrauen lernen, auch ohne zuerst zu sehen.

Nach vier Tagen erst kommt Jesus zum Grab des Lazarus. Jesus wartet zwei Tage, so lesen wir, und ist wohl einen Tag unterwegs, bevor er am vierten Tag in Betanien ankommt. Demnach muss Lazarus bereits an dem Tag, da Jesus die Nachricht von seiner Erkrankung erhielt, gestorben sein. Er hätte ihn also auch dann, wenn er sich sofort auf den Weg gemacht hätte, nicht mehr lebend angetroffen.

Jesus verfolgt mit diesem Verhalten ganz bewusst eine Absicht. Er will die Tatsache deutlich machen, die bis heute – also auch für uns, für Sie und für mich – eine einzigartige Bedeutung hat: Er ist der Herr über Leben und Tod. Oder wie es Paulus sagt: Er ist der Herr im Leben und im Sterben.

Unser Bericht geht in eine neue Phase. Haben erst die Jünger mit der Auferstehung ihre Probleme, so geht es Marta und Maria jetzt nicht anders. Obwohl bei ihnen noch ein Funke mehr an Hoffnung im Blick auf die Hilfe Jesu vorhanden ist, machen sie doch auch ihrer Enttäuschung Luft. Erst bringt Marta sie zur Sprache:

»Herr, wärst du hier gewesen, würde mein Bruder noch leben. Aber auch jetzt weiß ich, dass Gott dir alles geben wird, worum du ihn bittest« (Verse 21-22).

Jesus nimmt die Hoffnung der Marta auf und versichert ihr: »Dein Bruder wird wieder leben!« (Vers 23).

Marta geht darauf ein mit ihrer begrenzten Hoffnung: »Ja, ich weiß, am letzten Tag, am Tag der Auferstehung« (Vers 24).

Es entwickelt sich nun zwischen Marta und Jesus ein Gespräch über die Auferstehung. Bei Marta ist ein religiöses Kopfwissen über die Auferstehung da, aber keine Gewissheit des Herzens. Und das ist in der Betroffenheit des Sterbens ein ganz großer Unterschied. Ohne diese Gewissheit ergreift einen eine ganz tiefe Traurigkeit, eine Traurigkeit ohne lebendige Hoffnung. Aber gerade diese lebendige Hoffnung will Jesus vermitteln – bis heute, damit wir nicht traurig sein müssen wie die, die keine Hoffnung haben (1. Thess 4, 13). Jesus setzt daher in seinem Gespräch neu an, um Marta und seinen Jüngern lebendige Hoffnung zu vermitteln, wenn er ihnen sagt:

»Ich bin die Auferstehung, und ich bin das Leben. Wer an mich glaubt, der wird leben, selbst wenn er stirbt. Und wer lebt und an mich glaubt, wird niemals sterben. Glaubst du das?« (Verse 25-26).

Beide Sätze sind nicht nur als Entscheidungsruf, sondern als entschiedene Feststellung Jesu zu hören, wobei das unbestimmte »Wer« durch ein »Jeder, der« zusätzlich unterstrichen wird.

Wer diese wichtige Aussage, die für ihn und letztlich auch für uns viel wesentlicher ist, als nach menschlichem Ermessen rechtzeitig am Grab gewesen zu sein, für sich in Anspruch nimmt, wird leben, auch wenn er stirbt. Im ersten Satz meint »sterben« den irdischen Tod und »leben« das ewige Leben. Im zweiten parallel dazu gesagten Satz meint »leben« das irdische und »nicht sterben« das ewige Leben. Wer Jesus und seinen Worten glaubt, bei dem greift das ewige ins irdische und das irdische ins ewige Leben hinein (Joh 5, 24). Auf diesem Hintergrund schläft tatsächlich Lazarus nur ein wenig. Seine Krankheit führt nicht, wie bei dem, der nicht glaubt, zum Tod in den eigenen Sünden (Joh 8, 24), sondern sie muss zur Verherrlichung der Macht und zur Ehre Gottes dienen. Die Trennungslinie geht also nicht zwischen Lebenden und Toten, sondern zwischen an Jesus Christus Glaubenden und nicht an ihn Glaubenden! In Jesu Gegenwart fallen Vergangenheit und Zukunft zusammen.

3. Leitsatz
Von Jesus Seelsorge lernen heißt:
Hoffnung vermitteln, dass im Blick auf den Tod die Trennungslinie nicht zwischen Lebenden und Toten verläuft, sondern zwischen an Jesus Christus Glaubenden und nicht an ihn Glaubenden.

»Glaubst du das?«

Das war damals und ist heute die zentrale Frage. Damit ist nicht nur Marta damals in Frage gestellt, sondern auch wir, Sie und ich! Es ist die Frage nach unserem Christusbekenntnis. Marta legt es ab: »Ja, Herr, ich glaube, dass du Christus bist, der Sohn Gottes, auf den wir so lange gewartet haben« (Vers 27).

Nun kommt es nochmals zu einem Szenenwechsel, der die ganze Spannung des Berichtes zum Tragen bringt. Denn auch Maria macht ihrer eingeschränkten Hoffnung Luft mit denselben Worten wie Marta: »Herr, wenn du dagewesen wärst, würde mein Bruder noch leben« (Vers 32).

Und die Juden, die mit Marta und Maria den toten Lazarus betrauern, äußern sich ganz ähnlich:

»Einen Blinden hat er sehend gemacht. Hätte er nicht verhindern können, dass Lazarus starb?«

Jesus ist traurig, ja zornig, lesen wir, über so viel Kleinglaube, Kurzsichtigkeit, Eigensucht, die nicht Gottes Ehre und Herrlichkeit sucht, sondern nur den eigenen Vorteil; die mehr an ihren Toten hängt als an den Worten Jesu (1. Thess 4, 13-18; Mt 8, 21 f). Bekenntnistheorie und Bekenntnispraxis sind eben doch zwei Dinge. In dieser Spannung erinnert Jesus Marta daran, und die Umstehenden bekommen es mit: »Habe ich dir nicht gesagt, du würdest die Macht der Herrlichkeit Gottes sehen, wenn du nur glaubtest?«

Jetzt können Marta und Maria glauben, also auf sein Wort hin mit seiner Macht rechnen, wenn sie wollen. Nur wer glaubt, sieht!

Und wer sieht, erkennt. Dem wird die Decke von den Augen genommen. Wer nur auf die Krankheit und das Sterben sieht, kann nicht die Herrlichkeit und Macht Gottes erkennen. Es geht um das Schauen auf das Unsichtbare (2. Kor 4, 18). Da müssen die Einwände zur Seite gestellt werden, dass Lazarus ja bereits vier Tage tot und der Todesgeruch unerträglich sei. Jesus gibt den Befehl, das Höhlengrab zu öffnen. Und er tut dies mit dem Gebet, das sein uneingeschränktes Vertrauen und seine Einheit mit dem Vater zeigt. Er schaut nicht auf das Verwesliche, sondern auf das Ewige: »Vater, ich danke dir, dass du mein Gebet erhört hast! Ich weiß, dass du mich immer erhörst, aber ich sage es wegen der vielen Menschen, die hier stehen. Sie sollen alles miterleben und glauben, dass du mich gesandt hast« (Vers 41).

Das ist die richtige Haltung des Gebets, das mit Gottes Eingreifen rechnet. Jesus will nicht als Wundermann gesehen werden, sondern Gott soll verherrlicht werden. Das Wunder, das nun geschieht, wird nicht erklärt, sondern nur kurz beschrieben. Es geht um den Glauben und dann ums Sehen, dass wenn Jesus spricht, es geschieht, und so er gebietet, es dasteht (Ps 33, 9). Drei Befehle gibt Jesus: Er lässt das Grab öffnen; er lässt Lazarus aus dem Grab kommen, und er gibt ihm die volle Bewegungsfreiheit wieder (Verse 39-44).

»Lazarus kam heraus. Hände und Füße waren mit Grabtüchern umwickelt, und auch sein Gesicht war mit einem Tuch verhüllt. ›Nehmt ihm die Tücher ab!‹, forderte Jesus die Leute auf, ›und lasst ihn gehen.‹«

4. Leitsatz
Von Jesus Seelsorge lernen heißt:
»Wunder sollen schauen, die sich auf Jesu Wort verlassen und ihm trauen!«
(nach Philipp Spitta, 1801–1859)

Marta und Maria, die Jünger und ein Teil der Trauergäste, so lesen wir am Ende des Berichtes, glauben an Jesus:

»Viele von den Juden, die bei Maria gewesen waren, glaubten an Jesus, nachdem sie gesehen hatten, was er tat. Aber einige liefen schnell zu den Pharisäern und berichteten ihnen alles« (Verse 45 + 46).

»Glaubst du das?« – Mit dieser Frage will ich dieses Kapitel schließen.

Thomas

*Enttäuschungen zulassen — Verantwortung für
andere übernehmen — auf Zweifel eingehen —
Weisheit erbitten — zum Gottvertrauen ermutigen*

»Thomas aber, der Zwilling genannt wird, einer der
Zwölf, war nicht bei ihnen, als Jesus kam. Da sagten die anderen Jünger zu ihm: Wir haben den Herrn gesehen. Er
aber sprach zu ihnen: Wenn ich nicht in seinen Händen die
Nägelmale sehe und meinen Finger in die Nägelmale lege
und meine Hand in seine Seite lege, kann ich's nicht glauben. Und nach acht Tagen waren seine Jünger abermals
drinnen versammelt und Thomas war bei ihnen. Kommt
Jesus, als die Türen verschlossen waren, und tritt mitten
unter sie und spricht: Friede sei mit euch! Danach spricht
er zu Thomas: Reiche deinen Finger her und sieh meine
Hände und reiche deine Hand her und lege sie in meine
Seite, und sei nicht ungläubig, sondern gläubig! Thomas
antwortete und sprach zu ihm: Mein Herr und mein Gott!
Spricht Jesus zu ihm: Weil du gesehen hast, Thomas,
darum glaubst du. Selig sind, die nicht sehen und doch
glauben!« (Joh 20, 24-29)

Da ist Thomas, genannt Zwilling. Er gehört zu den
Jüngern, die nicht in den Vordergrund getreten sind. Nur
der Evangelist Johannes berichtet einiges von ihm. So z. B.,
dass er ein schwerblütiger, melancholischer, in seinen

Gedanken grüblerisch und z. T. destruktiv denkend ver-
anlagter Mensch gewesen ist; ein Zweifler, der einerseits
von vordergründigen Argumenten ausgeht, andererseits
tatsächlich ein nüchterner, verstandesmäßiger Wirklich-
keitsmensch ist, aller Leichtgläubigkeit Feind, auf Eindeutigkeit aus. »Wer bei Angelegenheiten des Glaubens nicht
mit ganzer Seele beteiligt ist, sondern mit halbem Herzen
etwas anderes will, der wird als Zweifler bezeichnet«
(Alfred Adam). Als Jesus Thomas seinerzeit mitteilt, dass
Lazarus gestorben sei (Joh 11, 14), da lässt Thomas als Erster die Flügel hängen. Er gibt die Antwort: »Lasst uns mit
ihm gehen, dass wir mit ihm sterben!« (V. 16), womit er
wohl sagen will, es komme ja doch nur alles, wie es wolle;
es habe jetzt alles keinen Sinn mehr.

Und als Jesus von seinen Jüngern Abschied nimmt und
ihnen sagt: »Und wo ich hingehe – den Weg wisst ihr . . .«,
da antwortet der Zweifler und Grübler sofort wieder entmutigt: »Wie können wir den Weg wissen . . .?« (Joh 14, 5)

Dass er dann nach der Kreuzigung als Einziger nicht
bei den Jüngern ist, das kann seinen Grund in der gleichen
zum Zweifeln und zur Verzweiflung neigenden Art dieses
Jüngers gehabt haben.

Thomas ist also nicht mit den anderen Jüngern zusammen, als ihnen Jesus als der Auferstandene begegnet. Für
ihn ist eine Welt zusammengebrochen. Alles, worauf er
seine Hoffnung gesetzt hat, ist dahin. Es ist den Juden ge-
lungen, Jesus zu beschuldigen; der Hohepriester Kaiphas
hat ihn verurteilt und der Landpfleger Pilatus ans Kreuz
schlagen lassen. Da ist Jesus jammervoll gestorben. Alles
Bisherige ist wie weggewischt: Die gemeinsame Zeit mit
ihm; die mit ihm zusammen gemachten Erfahrungen; sein
machtvolles Wirken, wie er den Kranken, Lahmen, Blin-

den, Tauben, Aussätzigen, Sündern und Zöllnern liebevoll geholfen hat. Die Erinnerung gilt und hilft nichts mehr. Enttäuschung macht sich breit.

1. Leitsatz
Von Jesus Seelsorge lernen heißt:
Enttäuschungen zulassen.

Die schwermütige und melancholische Veranlagung des Thomas tut noch ein Übriges: Er pflegt nicht mehr die Bindung an seine Freunde. Die Freundschaft bröckelt ab. Der sie zusammengehalten hat, der entscheidende Faktor, Jesus, ist nicht mehr da. Was soll das Ganze? Thomas zieht sich von seinen Freunden zurück. Er versteht »Gott und die Welt« nicht mehr. »An der Grenze zwischen Verstandeserkenntnis und Glaubenserkenntnis meldet sich der Zweifel als der große Widersacher des Glaubens zu Wort« (Helmut Lamparter).

Ich kenne aus meiner langjährigen Seelsorgekorrespondenz ein ganz ähnliches Verhalten von Menschen, die in ihren Glaubenserwartungen enttäuscht wurden, da sich ihre Vorstellungen nicht erfüllt haben und sie aufgrund dessen begonnen haben, daran zu zweifeln, ob Jesus wirklich durch seinen Tod und seine Auferstehung Sünde, Tod und Teufel besiegt hat. Sie übertragen diese Zweifel dann auf ihr eigenes Leben. Denn wenn Jesus nicht auferstanden ist, dann kann ich auch nicht sieghaft leben. Was soll dann die ganze Nachfolge? Sie werden zwiespältig in ihrem Gott vertrauenden Denken, schwanken wie die Meereswoge (Jak 1, 6). Dieses Hin und Her geht bis ins Gebetsleben. Man betet unverbindlich. Man verletzt natürlich das Vertrauen zu Gott. Die Folge ist nicht selten, dass solche Menschen beginnen, weil sie dem Zweifel immer mehr Raum in ihrem Denken geben, sich auch immer mehr aus dem Gemeindeleben zurückzuziehen.

Hier gilt es, uns zweierlei klar zu machen. Einmal: Wir tragen Verantwortung füreinander, und zwar nicht nur dann, wenn wir geistlich auf einer Wellenlänge sind, wenn wir gemeinsam am selben Strang ziehen, wenn wir einander mögen, sondern auch dann, wenn wir theologisch anders denken, in unserer Nachfolge andere Schwerpunkte setzen, das eine und andere kritisch hinterfragen, zu zweifeln beginnen.

Hätten die Jünger nur in den ersten Fällen Verantwortung für Thomas gezeigt, hätte dieser wohl nicht so schnell aus seiner Verzweiflung und seiner Isolation herausgefunden und dann die heilsame Begegnung mit dem Auferstandenen Jesus Christus gehabt. In diesem Bereich gilt es für manchen Nachfolger Jesu, intensiv umzulernen, ein Denken, das zu einer Haltung wird, einzuüben, eben: Verantwortung für den anderen zu tragen.

2. Leitsatz
Von Jesus Seelsorge lernen heißt:
Verantwortung für den anderen übernehmen.

Aber auch das andere gilt: Der Zweifler muss der Einladung in die Gemeinschaft der Nachfolger Jesu folgen und seine Zweifel zunächst einmal zurückstellen. Diese Einstellung ist bereits der erste Schritt aus der Zwiespältigkeit zur Eindeutigkeit.

In unserem Bericht wird nun ein hohes Maß an Verantwortung und Liebe füreinander deutlich. Die Jünger lassen Thomas in seinen Zweifeln nicht allein, sondern kümmern sich um den Vereinsamten, in Isolation Geratenen. Ihre Mühe, ihr Bemühen hat Erfolg, wird belohnt. Wie sie das gemacht haben, wird uns nicht berichtet. Aber gewiss haben sie für ihn gebetet, ihn besucht, ihn eingeladen, ihn ermutigt zu kommen, ihn abgeholt. Thomas ist wieder bei ihnen, in ihrer Gemeinschaft. Doch er schenkt ihnen keinen Glauben, als sie davon berichten: »Wir haben den Herrn gesehen.« So tief sitzt sein Zweifel, ja, hat sich in ihn hineingefressen, dass er bereits zur Verhärtung seines Willens beiträgt: »Wenn ich nicht …, will ich's nicht glauben.«

Thomas stellt Bedingungen. Das ist wie eine Spirale. Je mehr sich Thomas mit sich selbst und seiner Enttäuschung beschäftigt, desto tiefer gerät er in die Zwiespältigkeit seines Herzens und Gott misstrauenden Denkens.

Argwöhnisch äußert er sich dahingehend, er sei von Jesu Auferstehung nur dann überzeugt, wenn er mit seinen eigenen Augen die Nägelmale in den Händen Jesu sehen und wenn er mit dem eigenen Finger die Nägelmale und die Seitenwunde betasten könne.

Und nun erfährt Thomas mit den anderen Jüngern zusammen acht Tage später, dass der auferstandene Herr ihm zugehört, seine Bedingungen Wort für Wort gehört hat. So unsichtbar der Auferstandene ist, so nahe ist er. Er ist gegenwärtig wie die Luft, die wir atmen, oder wie Luther sagt: »… näher als unser Rock und Hemd.«

Auch wenn wir das nicht im Text lesen, kann man davon ausgehen, dass Thomas zwar in dem Augenblick erschrickt, in dem er inne wird, wie der Auferstandene ihn beim Wort nimmt. Doch es ist ein heilsames Erschrecken. Derjenige, der ihn bei seinem Unglauben und Zweifeln ertappt hat, ist ja nicht irgendeiner, sondern der auferstandene Herr, an dessen Auferstehung er ganz konkret gezweifelt hat. Jesus Christus kommt dem ehrlichen Zweifler entgegen, nicht nur durch sein den Schrecken nehmendes »Friede sei mit euch«, das wieder zum Durchatmen verhilft, sondern dadurch, dass er ihm seine Nägelmale zeigt und nicht die Faust. Seine Wunden, die Zeichen seiner ewigen Barmherzigkeit und Treue, seiner grenzenlosen Liebe, hält er dem Thomas hin und fordert ihn auf: »Sei nicht ungläubig, sondern gläubig!«

Jesus kommt es also nicht auf eine »Lektion« für den so genannten »ungläubigen Thomas« an, auch nicht auf eine Bloßstellung vor den anderen Jüngern. Was Thomas lernen soll, ist, dass Jesus gerade ihn in seiner Bedürftigkeit gesehen hat. Punkt für Punkt geht er auf die Forderung ein, die Thomas in seinem Zweifel gestellt hat, ohne ihn wegen seiner Zweifel »fertigzumachen«. Wir dürfen daraus aber nicht die Gesetzmäßigkeit ableiten, dass Jesus jederzeit auf unsere Zweifel und Forderungen so eingehen wird. Vielmehr appelliert Jesus ähnlich wie bei Thomas an den Willen des Zweiflers, nicht bewusst im Unglauben zu verharren, sondern im Glauben vertrauensvoll Schritte zu tun. »Sei nicht ungläubig.« Wer dies wagt, den wird Jesus über kurz oder lang aus der Isolation des Zweifels herausholen.

3. Leitsatz
Von Jesus Seelsorge lernen heißt:
Den anderen mit seinem Zweifel ernst nehmen und auf ihn eingehen.

An dieser Stelle ein kleiner Exkurs über verschiedene Formen des Zweifels. Wieder können wir aus der Seelsorge Jesu lernen für uns selbst und den seelsorgerlichen Umgang mit anderen, denen Zweifel zu schaffen machen:

Zweifel im Vorfeld des Glaubens

Der jugendliche Zweifel
Bisher Gelerntes wird in Frage gestellt; eigenes, selbstständiges Denken erwacht; Auseinandersetzung beginnt.

Wichtig:
Dafür Verständnis haben und ernst nehmen. Als Durchgangsstation ansehen. Sachliche Antworten geben. Zu einer personalen Glaubensbeziehung zu Jesus anleiten.

Hilfreich:
In Fürbitte, Liebe und Geduld begleiten (2. Tim 3, 15; Monika/Augustinus).

Der intellektuelle Zweifel
Die Frage nach der Beweisbarkeit Gottes ist vordergründig. Vernunft, Verstand spielen eine wesentliche Rolle.

Wichtig:
Zu erkennen helfen, dass es eine unsichtbare Wirklichkeit gibt; dass die Methode, Gott als Wahrheit zu erkennen, Glauben heißt (Joh 7, 17; 10, 38). Verlass dich auf seine Allmacht, Allgegenwart, Allwissenheit!

Hilfreich:

Biblische Argumentation. Jesus sagt: Wer mich finden will, findet mich (Joh 5, 39).

Der vorgeschobene Zweifel

Es ist geheime Flucht vor Gott; will sich damit den berechtigten Totalitätsanspruch Jesu vom Hals halten (Joh 3, 19); ist letztlich Selbstbehauptung.

Wichtig:

Hintergründe dieses Verhaltens im Gespräch aufdecken. Zu kritischem Verhalten den eigenen Zweifeln gegenüber anleiten (Joh 3). Gewissenserforschung (Ps 139, 23.24).

Hilfreich:

Zum Gespräch Weisheit (Jak 1, 5) und Vollmacht erbitten (Apg 1, 8).

Der gedankenlose Zweifel

Man redet, als habe man die Bibel schon mehrmals gelesen bzw. »Dreimalklug« (Mt 22, 23f) und plappert doch nur nach, was andere ebenso gedankenlos daherreden.

Wichtig:

Gerede ernst nehmen. Aussagen anhand der Bibel aufnehmen. Mehr Information über den Menschen, Jesus, Gott und die Welt vermitteln (Joh 5; 1. Kor 1, 8).

Hilfreich:

In Liebe ermutigen, selbst Erfahrungen im Glauben zu sammeln (Joh 4, 42).

Der furchtsame Zweifler (Mt 14, 24 ff, Petrus)

Petrus wagte es mit dem Glauben und möchte auch weiterhin gerne glauben, sieht sich aber durch den »Gegenwind« konkreter Anfechtung daran gehindert.

Wichtig:

Blickwechsel vornehmen. Wegsehen vom eigenen Unvermögen. Jesus wieder fest ins Blickfeld bekommen.

Hilfreich:

Die hohe und seltene Kunst des Tröstens (2. Kor 1, 3-7).

Der angefochtene Zweifler (Ps 73, Asaf)

Asaf versteht »Gott und die Welt« nicht mehr; zweifelt nicht an Gott, aber daran, ob er sich persönlich um ihn kümmert.

Wichtig:

Gegen den Augenschein vertrauen lernen: Ich verstehe dich nicht, aber ich vertraue dir!

Hilfreich:

An Erfahrungen mit Gott erinnern, an seine großen Taten (1. Kor 15, 35-42; Hebr 12).

Der ehrliche Zweifler (Mt 11, 12 f, Johannes der Täufer)

Johannes der Täufer hat sich für Jesus ganz eingesetzt; doch seine Erwartungen erfüllen sich nicht. Ihm ist zweifelhaft, ob Jesus der Christus ist.

Wichtig:

Aufkommende Zweifel nicht heimlich wuchern lassen. Mit seinen Fragen zu Jesus gehen. Von ihm Antwort erwarten.

Hilfreich:

Zweifel einander mitteilen. Am Wort Gottes bleiben!

Der redliche Zweifler (Joh 20, 24 ff, Thomas)

Thomas zweifelte nicht an Gottes Wahrheit, Macht und Wirklichkeit. Er ist aller Leichtgläubigkeit Feind und verlangt nach echtem, eindeutigem Überführtwerden.

Wichtig:

Ehrlich sein und zugeben, dass Menschen, die mit Jesus gehen, auch Zweifel haben. Ruhig kritisch Für und Wider abwägen, dann aber sich entscheiden, damit das Hin und Her aufhört.

Hilfreich:

Keine Vorwürfe. Gütig und barmherzig sein!

4. Leitsatz
Von Jesus Seelsorge lernen heißt:
»Weisheit und nicht nur psychologischer Scharfblick, Weisheit und nicht nur ein verfügbares Kompendium von Bibelsprüchen, Weisheit und nicht nur eine Art Operationsbesteck — bestehend aus dogmatischen Richtigkeiten —, um dem Zweifelnden recht und das heißt in diesem Fall in hilfreicher Weise zu begegnen« (Helmut Lamparter), ist notwendig.

Kehren wir nach diesem Exkurs über die verschiedenen Formen des Zweifelns zurück zu Thomas.

Als er in dem Auferstandenen seinen gekreuzigten Herrn erkennt, ist ihm, als seien ihm auf einmal die Augen geöffnet worden. Was vorher unüberwindbar erschien, ist keine Frage mehr und gerät in den Hintergrund. Die Zweifel des Thomas sind nicht mehr existent. Was ihm begegnet, ist die Macht der Liebe Gottes, die sich in Jesus offenbart. So kann nur einer mit ihm und mit uns und unseren Zweifeln umgehen. Die ganze Herrlichkeit dieser ewigen Liebe Gottes, die nicht mit uns verfährt, wie wir es verdient hätten, begegnet und umfängt den armen Zweifler mit einem solchen Glanz, mit einer solchen Vollmacht, dass er nur noch auf die Knie sinken und betend ausrufen kann: »Mein Herr und mein Gott!«

Der Auferstandene schenkt diesem personifizierten Kleinglauben ein Christusbekenntnis, das an Glanz und Herrlichkeit das Christuszeugnis sämtlicher Jünger, auch das eines Petrus, überragt. Thomas ist überzeugt. Von der Zweideutigkeit ist er zur Eindeutigkeit, von der Zwiespältigkeit zur Einheitlichkeit und Einigkeit, von der Ungewissheit zur Gewissheit, von der Unwahrheit zur Wahrheit, von dem Unglauben zum Glauben hindurchgedrungen.

Wir lesen nichts davon, ob Thomas tatsächlich mit seinen Händen die Nägelmale und die Seitenwunde betastet hat, oder ob er einfach Jesu Worten Glauben schenkte und dies völlig ausreichte, ihn zu überzeugen. Doch wir können wohl davon ausgehen. Thomas sollte davon wegkommen, dass er alles für die Augen sichtbar und mit den Händen greifbar haben wollte. Denn mit solchen Leuten, die das Göttliche nur mit ihren fünf Sinnen wahrnehmen wollen, hat der Herr oft seine liebe Not. Denn sie sind ihres Heilandes immer nur eine Weile froh; sie sind selig, solange sie etwas von ihm spüren. Ist es damit aus, dann ist es auch aus mit ihrer Seligkeit. Darum sagt Jesus: »Selig sind, die nicht sehen und doch glauben!«

Jesus reagiert auch jetzt anders, als wir es vielleicht erwartet haben. Thomas erhält kein Lob für sein großartiges Bekenntnis. Vielmehr zieht ihn Jesus als Beispiel für die Tatsache heran, dass der Glaube nicht vom Schauen, sondern vom Vertrauen lebt.

An Gott glauben heißt, sich ihm anvertrauen, sich verlassen, sich darauf verlassen, dass er in »Freud und Leid, in Glück und Not« mein Herr und mein Gott ist und bleibt!

Gott selbst vertraut uns, dass wir ihm vertrauen. Er will also unser Vertrauen als Antwort auf sein Vertrauen zu uns. Wir können geradezu sagen: Gott glaubt an uns! Glauben heißt also, dass wir uns diesem »maßlosen« Vertrauen Gottes öffnen. Dieses »unglaubliche« Vertrauen, das Gott in uns setzt, will in uns bewirken, dass wir uns selbst verlassen und uns auf ihn einlassen. Da können wir alle Zweideutigkeit, alle Zwiespältigkeit, alle Ungewissheit, alle Unwahrheit und auch allen Unglauben drangeben.

Ein solch glaubendes Vertrauen kann nicht im Zweifel stecken bleiben, sondern ist immer ein bewegter Vorgang. Das meint Jesus, wenn er Thomas und auch uns sagt: »Selig sind, die nicht sehen und doch glauben!« Es gibt m. E. zwei Stufen des Glaubens: Eine Anfangsstufe, in der sich all die befinden, die begonnen haben, Jesus nachzufolgen; über dieser Zeit steht geschrieben: »Dieweil du gesehen und erfahren hast, so glaubst du« – und eine Fortgangsstufe, ein Gewachsensein im Glauben. Diese höhere Stufe des Vertrauens ist die, zu der die Gläubigen erst allmählich heranreifen sollen. Von dieser gilt: »Selig sind, die nicht sehen und doch glauben!« Oder wie es eine Liedstrophe sagt: »Wenn ich gleich gar nichts fühle von deiner Macht, du führst mich doch zum Ziele, auch durch die Nacht« (Julie Hausmann, 1826-1901).

Jesus weiß, dass wir nicht gleich in die höhere Stufe des Glaubens hineinkommen, in der wir unabhängig sind von all dem, was uns zuwiderläuft, und nur abhängig sind von unserem »Herrn und Gott«. Doch er will uns durch diese Worte ermutigen, Lernende, Jünger und Jüngerinnen zu bleiben, die in Zeiten, in denen sie Gottes Wege mit sich und anderen nicht verstehen, in denen sie mit Gott hadern, sich vor ihm fürchten und zweifeln und kleingläubig werden, sich nicht von ihm weg, sondern sich zu ihm hin bewegen. Er will, dass wir uns darauf besinnen, wie grenzenlos sein Vertrauen zu uns ist. Nachdenken hilft über unsere Vertrauenskrise hinweg.

Aber trotzdem sei gesagt: Vertrauen kann man nicht ein für alle Mal haben als eine Art Besitz. Es wird immer wieder neu auf die Probe gestellt und muss immer wieder neu bewährt werden. Als Vertrauen ist Glauben immer ein »Wieder-neu-Beginnen«. Das ist möglich, weil Gott immer wieder neu mit uns beginnt. Was bedeutet das für uns? Es bedeutet: Wir sind glücklich, wenn wir an Jesus nicht etwa deswegen glauben, weil wir unkritisch und naiv sind, sondern deswegen, weil unser Vertrauen zu unserem »Herrn und Gott« einfach keine Beweise als Vorbedingung mehr benötigt. Jesus fordert keinen blinden Glauben oder einfach nur Gehorsam, sondern lädt ein, ihm zu vertrauen.

5. Leitsatz
Von Jesus Seelsorge lernen heißt:
Ermutigen zum Gottvertrauen. Der Glaube lebt nicht vom Schauen, sondern vom Vertrauen.

Noch ein paar Anmerkungen zum Schluss:

Mit seinem Hinweis: »Noch viele andere Zeichen tat Jesus vor seinen Jüngern, die nicht geschrieben sind in diesem Buch. Diese aber sind geschrieben, damit ihr glaubt, dass Jesus der Christus ist, der Sohn Gottes, und damit ihr durch den Glauben das Leben habt in seinem Namen« (20, 30.31) – scheint es, als wolle Johannes unseren Glauben herausfordern, damit wir auch das Glück des Vertrauenkönnens ohne das Schauen-Müssen erleben. Denn der Glaube ist kein Balanceakt zwischen Gewissheit und Ungewissheit, nein, er ist eine feste Zuversicht auf das, was man hofft, und ein Nichtzweifeln an dem, was man nicht sieht – so definiert ihn der Schreiber des Hebräerbriefes (11, 1).

Niemand ist dazu verurteilt, sich ein Leben lang mit Zweifeln an seiner Gotteskindschaft plagen und herumschlagen zu müssen. Gott lässt sich finden. Er schenkt Frieden! Verlassen Sie sich!

Verlassen Sie sich auf ihn! »Denn Wunder sollen schauen, die sich auf sein wahrhaftig Wort verlassen und ihm trauen!« (Philipp Spitta 1801-1859).

Petrus

*Einander begegnen — die Vertrauensfrage
stellen — Schuld beim Namen nennen — lieben
lernen, wie Jesus liebt — zuerst lieben*

»Nach dem Essen fragte Jesus den Simon Petrus: ›Simon,
Sohn des Johannes, liebst du mich mehr als die anderen hier?‹ ›Ja, Herr‹, antwortete ihm Petrus, ›du weißt,
dass ich dich lieb habe.‹ ›Dann hüte meine Lämmer‹, sagte
Jesus.

Jesus wiederholte seine Frage: ›Simon, Sohn des Johannes, liebst du mich?‹ ›Ja, Herr, das weißt du doch, dass
ich dich liebe‹, antwortete Petrus noch einmal. ›Dann hüte
meine Schafe!‹

Und zum dritten Mal fragte Jesus: ›Simon, Sohn des
Johannes, hast du mich wirklich lieb?‹ Jetzt wurde Petrus
traurig, weil Jesus ihm nicht zu glauben schien und zum
dritten Mal gefragt hatte: ›Hast du mich lieb?‹ Deshalb antwortete er: ›Herr, du weißt alles. Du weißt doch auch, wie
sehr ich dich liebe!‹ Darauf sagte Jesus: ›Dann hüte meine
Schafe!‹« (Johannes 21, 15-17).

Ein paar Vorbemerkungen:

Kennen wir die Krisen in unserem Leben, mit deren
Hilfe Gott uns etwas sagen will bzw. wollte? Mit deren
Hilfe er uns herausholen wollte aus unserem ich- bezoge-
nen Leben? Krisen sind ja – wenn Gott sie auslöst – immer

enttäuschend. Sie offenbaren immer, wes Geistes Kind wir sind.

Doch wir schätzen weder das eine noch das andere: Weder die Enttäuschung über uns selbst noch die Enthüllung, die Offenbarung unserer totalen Hilflosigkeit im Angesicht Gottes. Wenn wir doch mehr den Mut hätten, den barmherzigen Gott, den Gott der Liebe in unseren Krisen zu sehen, der alles unternimmt, um uns zurechtzuweisen, uns wieder auf den richtigen Weg zu bringen, dann würden wir nicht mehr mit solcher »Heidenangst« in die nächste Krise gehen, weil wir dann wüssten und akzeptierten: Krisen sind Reifezeiten – reife Zeiten – des Lebens.

Die Bibel zeigt immer wieder an Beispielen, wie Gott Menschen in Krisen kommen lässt, um ihnen zu helfen, im Glauben zu wachsen, zu reifen und Frucht zu tragen; dass ihre Persönlichkeit profitiert, ihr Vertrauen zu ihm gefestigt und ihre Liebe zu ihm tiefer wird. Besonders aufschlussreich sind dabei natürlich die Krisen, in die Jesus seine eigenen Nachfolger kommen lässt. Denn aus ihnen können wir am meisten lernen.

Einer dieser Jünger ist Petrus. Er war – wie wir oben gelesen haben – in eine Beziehungskrise geraten. Seine Liebe zu Jesus war auf den Prüfstand gekommen. Das passiert ja bei uns auch immer wieder. Denn unser Leben ist in seinen sachlichen Bezügen, in den persönlichen Beziehungen, in die wir hineingestellt sind, im Wesentlichen geprägt von der Liebe. Die Liebe ist der bedeutende und entscheidende Faktor (Macher!). Die Liebe ist nämlich die Macht, die die Menschen verändert. Und durch veränderte Menschen ist es möglich, auch Situationen zu ändern. Zugespitzt gesagt: Ohne Liebe gibt es kein wirkliches Leben!

Nun leiden viel mehr Menschen, als wir ahnen, und

sehr viel mehr, als die Betroffenen selbst zugeben, unter der Kälte, die unser Wohlstandsmilieu durchzieht, unter mangelnder Liebe und mangelndem Verstehen. Ich erinnere mich an einen Besuch in einer Klinik für psychosomatische Erkrankungen, wo mich die leitende Oberin durch die verschiedenen Stationen führte und dabei einige für mich bemerkenswerte Sätze sagte: »Der überwiegende Teil unserer Patienten ist hier, weil sie nicht genug geliebt haben bzw. nicht genug geliebt worden sind. Das ist eigentlich die tiefe Ursache ihres Krankseins, alles andere sind nur Symptome.« Daraus zog sie die Schlussfolgerung, und ich finde, diese Schlussfolgerung ist auch eine Anleitung für unsere zwischenmenschlichen Beziehungen: »Also müssen wir sie durch Liebe die Liebe lehren. Jede Gelegenheit einer Begegnung soll zu einer Begegnung mit der Liebe werden.«

Auf dem Hintergrund dieser Worte wurde mir ganz neu bewusst, wie groß die Einzigartigkeit der frohen Botschaft der Bibel ist. Es gibt eine Macht, und zwar die Macht der Liebe Gottes, die sich in der Person Jesus Christus geoffenbart hat, die diese Möglichkeit in sich schließt. Die Macht dieser Liebe Gottes ist eine solche Dynamik, die es vermag, kalte, wunde, leere Herzen, nach Heil, Heilung, Freiheit und Erlösung sich sehnende Menschen, frei und heil, los und neu zu machen. Diese Macht der Liebe Gottes ist in unserem Leben ganz konkret erlebbar. Diese Gewissheit, die man sich nicht kaufen kann, für die man sich auch nicht für den Notfall versichern kann, diese Macht der Liebe Gottes ist erfahrbar; diese Gewissheit: Ich bin geliebt, ist dann stärker als Zweifel und Verzweiflung, stärker als Menschenhass und Gotteshass, stärker als Abgestumpftsein und Verbitterung, als Einsamkeit und Enttäuschung, um nur einiges zu nennen, was heute so vielen Menschen zu schaffen macht.

Dass diese Macht der Liebe Gottes so stark ist, Menschen zu ändern, das wird deutlich an diesem Petrus. Gehen wir am Text entlang:

»Nach dem Essen ...« – Das gemeinsame Essen wird zum Ort der Begegnung. Eine frohmachende Angelegenheit, wenn auch mit einem ernsten Hintergrund, wie wir noch sehen werden.

Jesus und Petrus, zusammen mit den anderen Jüngern, erleben Gemeinschaft. Sie wird zur Voraussetzung für die sich anschließende Kommunikation. Miteinander essen, das Teilgeben und das Teilnehmen schaffen Vertrauen. Gemeinschaft dieser Art war für Jesus immer wieder Einstieg in ein folgendes seelsorgerliches Gespräch.

1. Leitsatz
Von Jesus Seelsorge lernen heißt:
Einander begegnen (z. B. beim Essen) kann zum Einstieg für ein seelsorgerliches Gespräch werden.

Nach diesem Essen fragte Jesus den Simon Petrus: »Simon, Sohn des Johannes, hast du mich lieber als die anderen hier?« – »Simon, Sohn des Johannes«, das erinnert an vergangene Tage ebenso wie die Frage: »Hast du mich lieber?« Da ist jene andere Begegnung, bei der Jesus Petrus erklärt, dass er nun einen Weg gehen müsse, auf dem keiner der Jünger ihm folgen könne – und dieser Petrus erklärt Jesus vollmundig: »Ich bin sogar bereit für dich zu sterben.« Doch Jesus warnt ihn: »Ehe morgen früh der

Hahn kräht, wirst du dreimal bestritten haben, mich überhaupt zu kennen« (Mt 26, 69-75; Joh 13, 36-38).

Es kommt, wie Jesus es vorausgesagt hat. Vor dem Hof des Palastes des Hohepriesters Kaiphas, verleugnet Petrus Jesus zum ersten Mal. Er antwortet auf die Frage der Pförtnerin: »Gehörst du nicht auch zu den Jüngern dieses Mannes?« »Nein, ich nicht! Ich kenne ihn nicht!« Und dann im Hof, nachdem er weitergegangen ist, schwört er sogar, als eine andere Frau ihn nach seiner Zugehörigkeit zu Jesus anspricht: »Ich? Nein, ich bin es nicht!« Und als ihn dann einer, der bei der Festnahme Jesu im Garten Gethsemane dabei war, anspricht, da schwört Petrus nicht nur, nein er verflucht sich sogar und zum dritten Mal streitet er energisch ab: »Ich kenne ihn nicht!« In diesem Augenblick kräht der Hahn.

An diese Begebenheit erinnert Jesus, wenn er Petrus fragt: »Simon, Sohn des Johannes, liebst du mich mehr als die anderen hier?« Jesus stellt die Vertrauensfrage, die zur Gewissensfrage wird, die Frage nach der Liebe zu ihm.

2. Leitsatz
Von Jesus Seelsorge lernen heißt:
Die Vertrauensfrage stellen: Liebst du Jesus?

Vielleicht denkt mancher; Was wissen wir schon vom Lieben? Was ist das … Liebe? So viele gebrauchen dieses Wort und nehmen es in den Mund. Wer sagt uns wirklich, was Liebe ist? Alle Welt schreit nach Liebe und spricht von Liebe: die Tageszeitungen, die Magazine, der Film, das Radio, das Fernsehen … Die Liebespaare sprechen von Liebe, Eltern und Kinder …

In all dem steckt ein heimlicher Defekt. Und dieser Defekt wird offenbar, wenn es darum geht, dass ich Macht über mein Ich gewinnen soll. Das kommt daher: Wir lieben immer um deswillen, was wir am anderen haben, was er uns einbringt. Es muss etwas Begehrenswertes da sein, etwas Liebenswertes, etwas, was wir haben, was wir besitzen wollen, was unsere Liebe reizt.

Auf diesem Hintergrund hebt sich nun Gottes Liebe ganz hell ab, unbegreiflich, tröstend, rettend, befreiend. Gottes Liebe ist darin so göttlich, dass wir sie gar nicht in einem Atemzug mit unserer Liebe nennen können. Er liebt zuerst!

Gott kommt uns mit seiner Liebe immer zuvor. Es ist eben nicht so, dass wir unsere armseligen Stufen empor-bauen müssten, um zu ihm zu kommen. Nein, er sucht uns und kommt zu uns, in unsere Verhältnisse, in unser Leben. Er wird zum »heruntergekommenen Gott«. »Darin besteht die Liebe: nicht, dass wir Gott geliebt haben, sondern dass er uns zuerst geliebt hat und gesandt seinen Sohn zur Versöhnung für unsere Sünden« (1. Joh 4, 10).

Dass Gott uns zuerst geliebt hat, das sind nicht nur Worte. Das ist Realität. So sehr liebt uns Gott, dass er sei-nen einzigen Sohn, sein Liebstes, dahingibt, für uns ster-ben lässt, damit alle, die ihm ihr Leben anvertrauen und dieses Sterben für sich persönlich in Anspruch nehmen – für ihre Rebellion gegen Gott – nicht verloren gehen, sondern auf ewig Anteil am Leben Gottes bekommen (Joh 3, 16).

Was haben wir eingebracht oder was könnten wir ein-bringen, was Gott reizen müsste, uns zu lieben? Was haben wir für Voraussetzungen geschaffen, dass er sagen müsste: Ich bin für dich!? Ich liebe dich!? Tatsächlich ist es doch umgekehrt: Gott tauscht durch seinen Sohn unsere Armut, unsere gottverlassene, unsere todverfallene Existenz gegen sein ewiges Leben ein.

Wenn wir schon etwas zu unserer Erlösung beitragen, dann bringen wir doch nur unser Misstrauen, unseren Hass, unsere Angst, vielleicht auch unseren Widerwillen gegen Gottes bedingungslose Gnade, unsere Abneigung gegenüber seiner großen Barmherzigkeit zum Ausdruck. Mit einem Satz zusammengefasst: Was wir bringen können, dürfen und sollen ist unsere Sünde, die im Tod als Bezahlung gipfelt. Gott findet also gar nichts Liebenswertes an uns, was ihn reizen müsste, uns zu lieben. »Gott liebt uns nicht, weil wir so wertvoll sind; wir sind so wertvoll, weil Gott uns liebt« (Helmut Thielicke). Das ist der Adel unserer Jüngerschaft: Kinder aus Gottes Gnaden! Gott kommt in Jesus zu uns und lässt uns sagen: Ich liebe dich – zuerst! Das ist das, was den Petrus überwältigt. Ein Versager – bei Jesus darf man versagen, was man in unserer Leistungsgesellschaft möglichst nicht darf –, wird nicht fix und fertig gemacht, sondern fertig gemacht, zubereitet für neue Aufgaben!

Petrus bekommt die Frage gestellt – die Vertrauensfrage in der Krise: »Hast du mich lieb?« Mehr und weniger will ich, sagt damit Jesus, von dir gar nicht wissen. Gib mir eine eindeutige Antwort auf meine Frage: »Hast du mich lieb?« Nicht lieber! Reiß deinen Mund nicht mehr so weit auf wie früher. Das ist gar nicht nötig! Nur – »Hast du mich lieb?« Das reicht. »Du weißt, Herr, dass ich dich lieb habe.« Nichts mehr, nichts weniger, bei allen drei Fragen. »Du weißt, du weißt alles, Herr!« – Ich verstehe dein dreimaliges Fragen. Es erinnert mich schmerzhaft an meine dreimalige Verleugnung. Doch ich stehe zu meiner

Schuld. Es tut mir Leid! Ich bereue, bitte um Vergebung. Und sie wird ihm auch von Jesus gewährt.

Uns so zu lieben, das gehört zur Majestät und Freiheit Gottes. Wir müssen uns nicht erst anders, besser machen – Gott liebt uns brutto. Es bleibt immer bei diesem »zuerst geliebt«, und es gibt nichts, was der Liebe Gottes eine Schranke und unüberbrückbare Grenze setzen könnte, es sei denn, wir wollen keine Vergebung!

Mag die Schuld noch so groß sein – es bleibt unwandelbar: »zuerst geliebt!« – von Gott. Er liebt den Sünder, den Versager – nicht die Sünde. Die verneint er total. Davon sollen wir uns distanzieren und als Zeichen dafür neues Verhalten einüben.

Die einzig richtige, Leben erneuernde und wieder zum Aufatmen führende Antwort ist diese Reaktion des Petrus. Er lässt sich nicht mit diesem ganz offenen Bekenntnis wegtreiben: »Herr, du weißt, dass ich dich lieb habe!«

3. Leitsatz
Von Jesus Seelsorge lernen heißt:
Schuld beim Namen nennen – beichten – bereuen – Vergebung empfangen.

»Ich bin geliebt, zuerst geliebt, von dir, meinem Gott und Herrn«. Das ist die Antwort, die Gott von uns erwartet – aber nicht im Sinne von Dank, sozusagen als Gegengabe unsererseits für seine Liebe. Es bleibt dabei: »Nichts hab' ich zu bringen, alles, Herr, bist du!« Zuerst geliebt – daran ist nicht zu rütteln. Gott liebt uns nicht wegen unserer Leistung, sondern trotz unseres Versagens.

Auch gerade dann, wenn wir zu danken beginnen, stehen wir unter der Macht der Gnade, die immer vor unserem Dank auf dem Plan ist. Weil Gott auch unseres Dankes nicht bedarf, und zwar in der Weise nicht bedarf, als würde er davon leben, schickt er uns mit unserer Liebe, um den Dank konkret werden zu lassen, zum Nächsten. In unserem Text lesen wir: »Petrus, weide meine Schafe, führe meine Lämmer, leite meine Schafe.« Dieses »Lasst uns lieben, denn er (Gott) hat uns zuerst geliebt« (1. Joh 4, 19) will sich konkretisieren. Gott lieben geschieht im Nächsten-Liebhaben. Jesus sagt: »Was ihr getan habt einem von diesen meinen geringsten Brüdern, das habt ihr mir getan« (Mt 25, 40). »Wenn Gott wissen will, wie sehr wir ihn lieben, dann fragt er nicht mich, sondern meinen Nächsten« (Walter Lüthi). Wer von der Liebe Gottes spricht, ist gerufen, sie zu leben!

Gott liebt uns zuerst, das bleibt, und wir können ihn wieder lieben, indem wir die von ihm Geliebten lieb haben. Wir können uns einüben, Jesus, unserem Herrn, ähnlicher zu werden, Liebe zu praktizieren; in der Weise zu verfahren, wie er liebt, dass er nicht danach fragt, ob sein Gegenüber liebenswert ist, ob er seine Liebe verdient hat, ob er seiner Liebe würdig ist, ob er ihm seine Liebe entgelten kann? Danach fragt Jesus nicht. Liebe zuerst! – das ist eine Anweisung, die einem Schlüssel gleichkommt, um Zugang zu finden zum Menschen unserer Tage in seiner Vereinsamung, seiner Angst, seinem Versagen, seinem Hunger nach Zuwendung und Liebe. Dabei braucht keiner etwas aus eigener Kraftanstrengung zu leisten, denn so viel Liebe, wie wir dazu brauchen, gibt es nur bei Gott. Diese Liebe Gottes ist ausgegossen, ausgeschüttet durch den Heiligen Geist (Röm 5, 5) ins Leben derer, die Jesus lieb haben. Da braucht es keine Krampferei zu geben. Wir dürfen unser Leben bestimmen lassen von dieser Liebe. Dabei ist es wichtig, dass diese Liebe nicht nur in Worten besteht, sondern zur Gesinnung, zur Haltung wird. Diese Liebe ist Wandel. Diese Liebe ist Tat. So wie Gott seine Liebe real offenbart in der Person Jesus Christus, sie Fleisch und Blut, Mensch werden lässt, so soll unsere Liebe Gestalt annehmen. Liebe wird empfangen und gegeben, sonst kann man sie nicht erleben. Liebe bekommt Arme, Hände und Füße, formt sich auch in Worten, in einem freundlichen Blick, einem dem Nächsten Wohltun. Sie will sich artikulieren, sonst verliert sie ihre Kraft. So ist Lieben wirklich Leben! »Liebe ist das Einzige, was wächst, wenn wir es verschenken« (Ricarda Huch).

4. Leitsatz
Von Jesus Seelsorge lernen heißt:
Lieben lernen, wie er liebt: zuerst!

Ich will diesen Gedanken noch etwas vertiefen und auf Jesu Worte eingehen: »Ein neues Gebot gebe ich euch, dass ihr euch untereinander liebt, wie ich euch geliebt habe, damit auch ihr einander lieb habt. Daran wird jedermann erkennen, dass ihr meine Jünger seid, wenn ihr Liebe untereinander habt« (Joh 13, 34 – 35). Mir geht es um diesen kleinen Satz: »Wie ich euch geliebt habe.« Lieben, wie Jesus liebt! Wie hat er Petrus in dieser Situation nach dem Mahl seine Liebe gezeigt? Ganz konkret. Obwohl er Schuld Schuld nennt, hält er ihm die Schuld nicht vor, zitiert er Vergangenes nicht herbei und rechnet auf. Er weist Petrus zurecht, macht ihn aber nicht fix und fertig, sondern

»fertigt«, bereitet ihn zu, damit er neu anfangen kann. Er macht ihm damit deutlich, dass er ihm vergibt. Nur wo Schuld Schuld genannt wird, kann Vergebung Vergebung werden! Damit wird eine neue Vertrauensbasis geschaffen. Auf dieser Vertrauensbasis und der Gewissheit, geliebt zu sein und vergeben bekommen zu haben, wird er auf sein altes Arbeitsfeld, den Platz seiner Niederlage, zurückgesandt, mit dem unausgesprochenen: »Dort wirst du dich bewähren!«

Lieben, wie Jesus liebt, darin dürfen wir uns üben, ihm ähnlicher zu werden. Es geht nicht nur um das »Liebe deinen Nächsten wie dich selbst«, sondern darum, dass unsere Liebe ein Echo auf Jesu göttliche Liebe ist. Die Bibel hat ja verschiedene Ausdrücke für Liebe. Für die göttliche Liebe hat sie das Wort »Agape« und für die menschliche Liebe das Wort »Eros«. Nun kommt es darauf an, dass diese selbstlose Liebe »Agape« unsere ichbezogene Liebe »Eros« umfängt und heiligt. So wie es uns vom Apostel Paulus gesagt wird: »Die Liebe ist langmütig und freundlich, die Liebe eifert nicht, die Liebe treibt nicht Mutwillen, sie bläht sich nicht auf, sie verhält sich nicht ungehörig, sie sucht nicht das Ihre, sie lässt sich nicht erbittern, sie rechnet das Böse nicht zu, sie freut sich nicht über die Ungerechtigkeit, sie freut sich aber an der Wahrheit, sie verträgt alles, sie glaubt alles, sie hofft alles, sie duldet alles« (1. Kor 13).

Liebe vermag alles. Ein Satz, der nicht am Schreibtisch entstanden ist, sondern im täglichen Umgang mit Menschen. Ich für meine Person bin davon überzeugt, dass Erkrankungen der menschlichen Persönlichkeit und Differenzen in zwischenmenschlichen Beziehungen heil werden können, wenn alle Beteiligten neu den Wert der Liebe

Gottes erkennen und sich einüben in die Gesinnung und Lebenshaltung: »Lasst uns zuerst lieben!«

5. Leitsatz
Von Jesus Seelsorge lernen heißt:
Zuerst lieben!

Die Erfahrung des Petrus ermutigt uns, uns Gottes Liebe gefallen zu lassen, sie bewusst dankbar anzunehmen und dann in unserem Leben umzusetzen. Gott will seine Liebe durch uns gebrauchen, dass der, der sie erfährt, vielleicht erst buchstabieren, aber dann sprechen lernt: »Auch ich bin geliebt – zuerst geliebt – von Gott!« Wenn wir diese Erfahrung machen, sind wir selbst die Beschenkten. Denn Gott lässt sich nichts schenken. Das Zuerst bleibt immer – »zuerst geliebt!« von Gott!

NACHWORT

Petrus

Die Thematik: Umgang mit der Angst
Unsere Stichworte:

- Wir leben vom Vertrauen auf Jesu Wort und nicht vom Schauen.
- In der Nachfolge Jesu darf ich Angst haben.
- Ich kann meine Angst in einem Gebet formulieren, dann verliert sie bereits von ihrer Macht.
- Mitten in der Angst kann ich mich verlassen – auf Jesus.
- Gott die Ehre geben.

»Danach befahl Jesus seinen Jüngern, in das Boot zu steigen und an das andere Ufer des Sees vorauszufahren. Er blieb zurück, um die Leute zu verabschieden. Dann ging er allein auf einen Berg, um zu beten. Es wurde Nacht. Draußen auf dem See gerieten die Jünger in Not. Ein Sturm war losgebrochen, und sie hatten große Mühe, das Boot vor dem Kentern zu bewahren.

Gegen vier Uhr morgens kam Jesus auf dem Wasser zu ihnen. Als sie ihn sahen, schrien die Jünger vor Entsetzen, weil sie dachten, es sei ein Gespenst. Aber Jesus sprach sie sofort an: ›Ich bin es doch! Habt keine Angst!‹ Da rief Petrus: ›Herr, wenn du es wirklich bist, lass mich auf dem Wasser zu dir kommen.‹ ›Komm her!‹, antwortete Jesus.

Petrus stieg aus dem Boot und ging Jesus auf dem Wasser entgegen. Als er aber die hohen Wellen sah, erschrak Petrus, und im selben Augenblick begann er zu sinken. ›Herr, hilf mir!‹, schrie er. Jesus streckte ihm die Hand entgegen, ergriff ihn und sagte: ›Hast du so wenig Glauben, Petrus? Vertraue mir doch!‹ Nachdem beide das Boot bestiegen hatten, legte sich der Sturm. Da fielen die anderen vor Jesus nieder und bekannten: »Du bist wirklich der Sohn Gottes!‹« (Matthäus-Evangelium, Kapitel 14, 22-33)

Eine Alltagssituation: Jesus und seine Jünger sind unterwegs. Er hat gepredigt und gerade das Wunder der Speisung der fünftausend Menschen vollbracht. Es fällt auf, dass Jesus etwas tut, was wir sonst nicht bei ihm finden. Noch bevor er die Leute nach Hause schickt, befiehlt er, drängt, ja zwingt er seine Jünger, schon einmal mit dem Boot an das andere Ufer vorauszufahren. Warum wohl? Es liegt nahe, dass Jesus befürchtete, dass seine Jünger, die ja auch vom herkömmlichen Messiasgedanken erfüllt waren, sich von der Volksmenge anstecken lassen würden. Denn diese wollten Jesus nach diesem Wunder ja zu ihrem König machen (Joh 6, 14 f).

Jesus sucht nach diesem anstrengenden Tag die Einsamkeit. Er will allein sein mit seinem Vater im Himmel, in Ruhe das Gespräch mit ihm führen, beten, sich aussprechen, danken, neue Kraft schöpfen. Dann will er zu den Jüngern nachkommen.

Inzwischen folgen die Jünger Jesu Anweisung. Sie sind mit dem Boot unterwegs. Unverhofft kommen sie in einen Sturm. Sie sind allein! Ihr Meister ist nicht dabei. Sie haben große Mühe, damit das Boot nicht kentert.

Ist das nicht auch immer wieder einmal unsere Lebenslage? Jesus ist für uns nicht sichtbar, nicht greifbar. Da kann man sich ganz schnell allein vorkommen und – bekommt Angst! Das Vertrauen in sein Wort will schwinden.

1. Leitsatz
Von Jesus Seelsorge lernen heißt:
**Wir leben vom Vertrauen auf Jesu Wort und
nicht vom Schauen!**

Weiter in unserm Text:

»Es wurde Nacht. Draußen auf dem See gerieten seine
Jünger in Not. Ein Sturm war losgebrochen, und sie hatten
große Mühe, das Boot vor dem Kentern zu bewahren.«

Es wurde Nacht! Ein vielsagendes Bild. In der Nacht
sieht oft alles anders aus: bedrückender, gespenstiger, ver-
zerrt, ausweglos. Man ist den Gefühlen und Gedanken
stärker ausgeliefert als am Tag. Die Jünger kommen in äußere Not. Sie bekommen Schwierigkeiten mit einer Situation, die ihnen ja grundsätzlich nicht fremd ist. Denn sie
haben Mitjünger dabei, die sich auskennen im Umgang mit
dem Boot und der See. Das ist ihr gelernter Beruf. Sie sind
ja Fischer. Doch Jesus ist nicht dabei. Und da beginnt ihr
Problem. Sie konzentrieren sich darauf. Auf den Sturm,
den Wind und die hochgehenden Wellen! Sie sind ihnen
entgegen. Sie haben Angst, nicht mit ihnen richtig umgehen zu können, ihnen nicht trotzen zu können, ihnen ausgeliefert zu sein, von ihnen verschlungen zu werden.

Angst – auch wir kennen sie. Angst, ein Phänomen, mit
vielen Gesichtern, das vielen Menschen auch in unseren Tagen zu schaffen macht. Sie konkretisiert sich in Fragen: Wie
geht es mit mir weiter? Was wird die Diagnose bringen?
Werde ich wieder Arbeit finden? Wird meine Ehe wieder
heil werden? Werde ich die Belastungen aushalten?

Solche Gedanken treiben in die Enge, und das hat Auswirkungen auf Geist, Seele und Leib. Sie beschneiden den

Lebensraum. Sie blockieren das Denken, stauen die Gefühle und unterlaufen auch das Gott vertrauende Denken, den Glauben.

Es ist eine Tatsache, dass auch Menschen, die Jesus nachfolgen, nicht vor Schwierigkeiten, Problemen und Ängsten bewahrt werden. Gewiss haben wir schon die Erfahrung gemacht, dass wir in Ängsten bewahrt wurden, aber einen Anspruch darauf haben wir nicht. Es ist hilfreich zum rechten Umgang mit der Angst, wenn uns das eindeutig klar ist. Wenn wir uns eingestehen und dann auch zugestehen: Ja, ich habe Angst. Mir bereiten alle diese ungelösten Fragen Not! Mir machen diese Gedanken und Gefühle zu schaffen. Das Verdrängen dieser Angst ist keine Hilfe. Die Bedrängnis wird nur noch größer, wenn die Angst dann aus dem Verborgenen zu agieren beginnt. Die Angst zunächst akzeptieren, nicht verdrängen, ist der erste Schritt zu ihrer Bewältigung. Ich finde das unbeschreiblich befreiend, dieses Wissen: Ich darf Angst haben! Das entkrampft, macht stiller, gelassener.

2. Leitsatz
Von Jesus Seelsorge lernen heißt:
Ich darf in der Nachfolge Jesu Angst haben.

Freilich stellt sich dann die Frage: Wie gehe ich mit meiner Angst um? Worauf konzentriere ich mich, wenn ich diese Angst – welchen Namen sie auch immer hat – bewältigen bzw. mit ihr leben lernen will? Dies entscheidet sich in meinem Denken: Lasse ich mich von einem situationsbezogenen Denken bestimmen, dann wird die Angst mich gefangen nehmen. Übe ich mich ein – und das wird immer wieder neu ein Üben sein – in ein Gott vertrauendes Denken, dann werde ich mit der Angst gottgewollt umgehen. Jesus bagatellisiert unsere Angst, die uns auch in seiner Nachfolge überfallen kann wie ein Sturm, nicht. Er gesteht uns unsere Angst zu. Er sagt uns an anderer Stelle (Joh 16, 33): »In der Welt habt ihr Angst«, lebt ihr in Bedrängnis. Das ist seine Feststellung, aber dahinter setzt er keinen Schlusspunkt, sondern einen Doppelpunkt: »… aber seid getrost, ich habe die Welt überwunden.« Auf wen, nicht auf was wir schauen, entscheidet darüber, ob es ein Gott vertrauendes oder ein Gott misstrauendes »Aber« in unserem Denken wird.

Gehen wir in unserem Text weiter:

»Gegen vier Uhr morgens kam Jesus auf dem Wasser zu ihnen. Als sie ihn sahen, schrien die Jünger vor Entsetzen, weil sie dachten, es sei ein Gespenst.«

»In der vierten Nachtwache« heißt es in einer anderen Übersetzung, d. h. doch, in letzter und höchster Not, dass sie drei Nachtwachen, also bis drei/vier Uhr morgens gerungen, gehofft und gebangt, sich mit Sturm und Wellen auseinander gesetzt und keine Hilfe erfahren haben. Sie sind müde, fix und fertig.

Nun kommt zur äußeren Not noch die innere Not hinzu. Wo ist Jesus? Warum hat er uns, ohne mitzufahren, weggeschickt? Sie vergessen ganz, dass sie auf Jesu Anweisung hin unterwegs sind. Sie haben sein Wort. Da lässt er sie doch nicht untergehen!

Wenn äußere und innere Not zusammenkommen, wenn Geist, Seele und Leib angefochten werden, die Kraft schwindet, dann kann es leicht geschehen, dass man nicht nur den Bezug zur Realität verliert, sich überfordert fühlt, sondern auch Gottes Zusage vergisst; dass sich die Angst steigert, zur Panik wird. Und wenn's dann noch mitten in der Nacht ist, wo ja sowieso alles viel gespenstiger aussieht, dann wird's wirklich problematisch. Genau das passiert jetzt den Jüngern. Jesus kommt zu ihnen, und sie meinen, es sei ein Gespenst. Was müssen sie durcheinander sein! Deswegen spricht Jesus sie sofort an:

»Aber Jesus sprach sie sofort an: ›Ich bin es doch! Habt keine Angst!‹ Da rief Petrus: ›Herr, wenn du es wirklich bist, lass mich auf dem Wasser zu dir kommen.‹ ›Komm her!‹, antwortete Jesus.

Petrus stieg aus dem Boot und ging Jesus auf dem Wasser entgegen. Als er aber die hohen Wellen sah, erschrak Petrus, und in demselben Augenblick begann er zu sinken. ›Herr, hilf mir!‹, schrie er.«

»Aber Jesus sprach sie sofort an: ›Ich bin es doch! Habt keine Angst!‹« Petrus versteht in diesem Zuspruch den Anspruch Jesu an sein Vertrauen. Und entsprechend reagiert er darauf: »Herr, wenn du es wirklich bist, lass mich auf dem Wasser zu dir kommen.« Was macht es schon aus, wenn der Wind die Wogen hochpeitscht, Jesus ist dabei. Petrus sieht ja: Jesus kann auf dem Wasser gehen. Mit dem Blick auf ihn wird das sonst Unmögliche möglich. Bei ihm ist Schutz und Geborgenheit mitten im Sturm, und danach sehnt sich Petrus ja. So verlässt er das Schiff und die anderen Jünger. Jesus hat gerufen: »Komm her!« das genügt dem Petrus. Das ist ihm Garantie für den gewagten Weg auf dem Wasser. Mit dem Blick auf Jesus und dem Vertrauen zu seinem Wort scheint es ihm ganz einfach, sich dieser Gefahr auszusetzen. Vertrauen fasst wieder in ihm Fuß.

Aber wie weit trägt ihn das Hören dieser beiden Worte »Komm her!«? Petrus hat sich wohl doch nicht ganz klar gemacht, dass er diesen Weg zu Jesus nur in uneingeschränktem Vertrauen gehen kann. Der Blickkontakt muss bestehen bleiben; er darf Jesus nicht aus den Augen verlieren. Doch als die Wellen höher schlagen, packt ihn das Entsetzen. Er fängt an, sich zu fragen, worauf er sich da eigentlich eingelassen hat. War er nicht übermütig, einfach so aus dem Boot zu steigen, zu glauben, ihn würde die Zusage Jesu einfach über Wasser halten? Wie konnte er nur denken, dass Wasser Balken hat?!

Übermut macht leichtfertig! Er meint wohl: Das schaffe ich schon. Doch Vorsicht! Denn das »Aber« des Kleinglaubens sieht nur Gefahren, und Angst ist immer ein schlechter Ratgeber.

Mut und Vertrauen rechnen mit dem Wort dessen, der spricht: »Komm her!« Ja, rechnet damit. Wer Gott vertraut, übersieht – nicht: ignoriert – » was ihn angstvoll bannen will; schaut darüber hinweg auf den, der immer größer ist als all das, was ängsten will; schaut auf Jesus. Gott will, dass wir schauen, was wir glauben! Des Petrus Augen gehen angstvoll über den stürmischen See und suchen Hilfe. Er kann Jesus nicht mehr sehen. Er blickt wie gebannt auf die Wellen, die ihn zu verschlingen drohen. Dabei ist er immer so stolz gewesen auf seine gute Beziehung zu Jesus. Er fühlte sich so sicher in seinem Glauben an ihn. Und jetzt wollen ihn die Wellen überrollen. Sie drohen über seinem Kopf zusammenzuschlagen, alles wegzuschwemmen: Frieden, Zuversicht, Gelassenheit, Dankbarkeit, Erfahrungen, die er mit Jesus gemacht hat ... –

Ob Sie ähnliche Erfahrungen kennen? Wo alles, was bisher den Glauben ausgemacht hat, dahinschwinden will, als existiere es gar nicht. Petrus merkt, wie es ihn in die Tiefe zieht. Er ist am Ertrinken. Da macht sich seine entsetzliche Angst in einem Gebetsschrei Luft:

»Als Petrus aber die hohen Wellen sah, erschrak er, und im selben Augenblick begann er zu sinken. ›Herr, hilf mir!‹, schrie er.«

3. Leitsatz
Von Jesus Seelsorge lernen heißt:
Ich kann meine Angst in einem Gebet formulieren.

»Herr, hilf mir!« ist für mein eigenes Leben zu einer ganz entscheidenden, seelsorgerlichen Hilfe geworden. Ich habe gelernt und lerne immer noch, nicht nur in Stunden, sondern auch in Phasen meines Lebens, in denen ich zu sinken drohe und mein Glaube zum Kleinglauben wird, aus meinem Gott misstrauenden Denken, meinen Sorgen, meinen Ängsten, ein Gebet zu machen. Ich sage dann: »Herr Jesus Christus, ich bin verzagt, ich bin kleingläubig, ich zersorge mich, ich bin entmutigt ...« Das ist dieses »In der Welt habt ihr Angst!« Ich gestehe es mir ein und auch zu, dass ich so denken und sprechen darf, weil es so ist. Ich brauche es nicht zu verdrängen. Ich stelle mich der Realität, den Gegebenheiten. Doch mein Gebet geht dann weiter – und das ist dann eben die notwendige andere Seite:

»Aber!« weil du da bist, ist meine Lebenslage nicht hoffnungslos; »aber« weil du der Herr bist, weil du keine Unmöglichkeiten – auch mein Leben betreffend – kennst, brauche ich nicht aufzugeben; »aber!« weil du da bist, brauche ich nicht zu verzagen; »aber!« weil du da bist, kann ich wieder Mut fassen!

Ich habe festgestellt, dass mir durch solch Gott vertrauendes Denken und Sprechen, durch einen solch konzentrierten Blick auf Jesus, geholfen wird. – Es geht also darum, dass wir lernen, nicht primär situationsbezogen – also auf das, was uns ängstet, schauend – zu denken, sondern verheißungsbezogen – und das meint, sich an den Zusagen Jesu orientierend – zu denken, wie z. B.: »Aber seid getrost, ich habe die Welt überwunden« oder »Seid getrost, ich bin's, fürchtet euch nicht!« »Vertraue mir doch!« Gott vertrauendes Denken ermutigt uns, Gott misstrauendes Denken entmutigt! Also: Das Aufnehmen von Gottes Wort in unser Gedächtnis, der regelmäßige Umgang mit ihm, das Auswendiglernen von Bibelworten – sie im Denken bewegen, so dass sie in unser Herz fallen – hat seine heilsame Wirkung, wenn es darum geht, mit unserer Angst konstruktiv umzugehen und das angstvolle Denken auszuquartieren. Und dabei hilft das Gebet ganz entscheidend.

Stellen wir uns ein paar wesentliche Fragen in diesem Zusammenhang:
– Wie gehe ich mit meinen Gedanken um?
– Womit fülle ich mein Denken?
– Was lese ich?
– Was schaue ich mir an?
– Was sind meine ersten Gedanken, wenn mein Tag beginnt,
– was meine letzten, wenn ich den Tag beschließe?
  Mache ich aus meinen Ängsten und Sorgen ein Gebet?

Bete ich erst, wenn mir das Wasser schon bis zum Hals steht?

Wer sich auf Gottes Wort verlässt, wegschaut von sich und dem, was ihn ängsten will, wer die Not sozusagen übersieht, auf Jesus schaut, mit seinen Zusagen rechnet und sie ernst nimmt, erfährt den Durchbruch durch die Angst, die Enge, in den weiten Raum, das Aufatmen, weil Jesus den zwangsmäßigen Zusammenhang von Angst und Verzweiflung durchbrochen hat. Deswegen kann der Jesus Vertrauende, der Glaubende, gegen den Augenschein Gott und seinem Wort vertrauen.

Beide Verhaltensweisen, beide Denkweisen – zweifeln und glauben, vertrauen und misstrauen, haben im Gott vertrauenden Denken auf Dauer keinen Platz. Da entsteht ein Hin- und Hergerissen werden, da entsteht im Herzen ein Zwiespalt; und ein zwiespältiges Herz hat keinen Frieden; sein Gebet kann nicht erhört werden (Jak 1, 6 - 8). Zweifel kommt aus dem menschlichen, kurzsichtigen Meinen, während Glaube, Vertrauen von Gott ergriffener Wille ist. »Mein Wille gehört meinem Gott, ich traue auf Jesus allein« (W. F. Crafts / Dora Rappard, 1842 - 1923).

Solange wir den kleingläubigen Gedanken, den – im Bild gesprochen – haushohen Wellen, die uns überrollen und verschlingen wollen, in unserem Denken und Fühlen Sitz- und Stimmrecht einräumen und uns nicht klar machen, dass nicht sie allein Realität sind, weil sie nur einen kleinen, nämlich den destruktiven Teil der Wirklichkeit ausmachen, sind wir ein Spielball dieser Wellen. Doch sie sind Saboteure unseres Gottvertrauens und deshalb konsequent auszuquartieren.

Festen Halt gewinnen wir, wenn wir uns dem zuwenden, der größer ist als alle Wellen und Wogen – gleich welchen Namen sie tragen – : Jesus Christus! Er ermutigt uns. Wir lesen in unserem Text:

»Jesus streckte Petrus die Hand entgegen, ergriff ihn und sagte: ›Hast du so wenig Glauben, Petrus? Vertraue mir doch!‹«

4. Leitsatz
Von Jesus Seelsorge lernen heißt:
**Mitten in der Angst kann ich mich verlassen –
auf Jesus.**

»Einen festen Halt, wenn wir am Sinken sind, gewinnen wir, wenn wir uns Jesus im Gebet zuwenden, sein Wort ernst nehmen und uns von ihm ergreifen lassen. Jesus sagt: ›Komm her!‹« – Petrus kommt auf Jesu Wort hin. Er tut es auf Hoffnung, gegen das, was er sieht, ohne Garantie, mutig, voll Vertrauen, und erfährt, dass Wasser Balken hat, dass er auf dem Wasser gehen kann.

Ohne ein solches Wagnis des Glaubens erfahren wir gar nichts, wird eine Krise nicht zur Reifezeit – zur reifen Zeit, in der unser Vertrauen neue Erfahrungen sammelt und dadurch gefestigt wird. Ich muss mich auf Jesu Wort einlassen, dann mache ich gute Erfahrungen. Erst dadurch stelle ich fest: Jesus hat sich an sein Wort gebunden. Er hält Wort.

»Wunder sollen schauen, die sich auf sein allmächtig Wort verlassen und ihm trauen. Er hat's gesagt und darauf wagt mein Herz es froh und unverzagt und lässt sich gar nicht grauen« (Philipp Spitta). Es ist daher kein unberechenbares Risiko, Glauben zu wagen, Vertrauen zu riskieren. Der Glaubende lebt davon! Von Jesu Wort. Das ist der große Unterschied zum positiven Denken, das sich am eigenen Schopf aus den nach unten ziehenden Wellen und Wogen ziehen will.

Glauben ist kein Sprung ins Dunkle, kein Wagnis ins Ungewisse hinein. Jesus verlangt nicht von uns, dass wir uns in dunkle Wellen und Wogen hineinstürzen sollen. Wir gehen auf Jesu Wort hin, das ist das Allergewisseste, wenn wir auch in der Dunkelheit unseren Herrn Jesus Christus sehen und ihm vertrauen!

Es geht um ein Sich-Lösen: sich lösen vom letzten Halt, der doch kein wirklicher Halt ist. Glaube, Vertrauen ist immer ein Sich-Lösen, ein Sich-Verlassen auf Jesus! Es gilt, die eigenen Sicherheiten loszulassen, das, was uns noch – nach unserer Meinung – letzter Halt und Stütze ist.

Plötzlich fühlt Petrus, wie Jesus seine Hand ergreift. Er lässt ihn nicht untergehen. Wo Jesu Stärke und unsere Schwäche zusammenkommen, geschieht Rettung. Jesus rechnet es Petrus nicht an, dass ihm die Angst über den Kopf gewachsen ist, dass er nicht wirklich Vertrauen geübt hat. Jesus lässt sich von Petrus rufen in seiner großen Not. Er zieht ihn aus dem Wasser, hält ihn mit seiner Hand fest, auch wenn er ihn enttäuscht hat. Aber er fragt ihn: »Warum hast du so wenig Glauben? Warum hast du an meiner Gegenwart, an meiner Hilfe gezweifelt?« – Das sollten wir uns auch fragen lassen, denn diese Frage beinhaltet für uns beides: Kritik an unserem mangelnden Vertrauen, unserem »Übermut!«, das meint doch, dass wir die Situation, uns selbst und auch Jesus nicht richtig einschätzen. Und es ist zugleich Einladung, Vertrauen zu Jesus neu zu wagen, nicht mit Kleinglauben, sondern mit einem kleinen Glauben an unseren großen Herrn. »Warum hast du gezweifelt?« ist also eine heilsame Einladung zu neuen Erfahrungen mit Jesus, unserem Herrn! Das kann dann auch uns ins anbetende Staunen führen, wie die Jünger, von denen am Ende unseres Berichtes heißt:

»Nachdem beide das Boot bestiegen hatten, legte sich der Sturm. Da fielen die Jünger vor Petrus nieder und bekannten: ›Du bist wirklich der Sohn Gottes!‹«

Auch wir können in Lebenslagen, wenn uns die Wellen über dem Kopf zusammenschlagen und wir zu sinken drohen, ganz ähnliche Erfahrungen wie Petrus machen – wenn wir auf Jesus schauen, ihn um Hilfe bitten und uns nicht bannen lassen von dem, was uns ängstigen will. Ein weiter, beständiger Blick über die Hindernisse des Glaubens hinaus und hinweg auf Jesus ist notwendig. Auch und gerade dann, wenn uns das Wasser bis zum Hals steht, wollen wir unseren kleinen Glauben an unseren großen Gott, dem Wind und Wellen gehorchen, üben. Wir wollen es tun, indem wir aus dem, was uns Angst und Bange machen will, ein Gebet machen, Jesus anrufen und bitten: »Herr, hilf mir!« Wir werden erleben: »Hilft er nicht zu jeder Frist, hilft er doch, wenn's nötig ist.« Seine Hand hält uns fest. Das gilt auch für Zeiten, in denen wir seinen Händedruck nicht gleich verspüren. Uns geschieht nach unserem Vertrauen, das hat er zugesagt, und das hält er! Zu dieser Erfahrung lade ich Sie ganz neu ein! Und wenn Sie diese machen, dann sollten Sie, liebe Leser, Ihren Dank, Ihr Staunen, Ihre Anbetung öffentlich werden lassen.

5. Leitsatz
Von Jesus Seelsorge lernen heißt:
Gott die Ehre geben!

Zum Schluss dieses Buches noch eine kurze Zusammenfassung, wie wir anhand unseres Textes Glauben praktizieren können:

Glauben heißt: sich Jesus im Gebet anvertrauen.
Glauben heißt: Jesus beim Wort nehmen.
Glauben heißt: sich von Sicherheiten lösen.

Glauben heißt: sich verlassen auf Jesus.
Glauben heißt: Jesus Ehre und Anbetung geben.

MUSTER FÜR ARBEITSBLÄTTER

Hilfen für das missionarisch-seelsorgerliche Gespräch anhand von Johannes 4

Neben den wegweisenden z. T. kritischen Ausführungen finden Sie hier sieben Tipps zur missionarisch-seelsorgerlichen Gesprächsführung. Sie sollen Ihnen helfen, Ihrem Gesprächspartner richtig zu begegnen. Denn das ist eine Grundvoraussetzung, wenn Ihr Gespräch sein Ziel erreichen soll: Menschen zu Jesus zu führen.

Zeichenerklärung:

? Fragestellung
! Aussage oder Aufgabe
✎ Bibelstelle(n) zur Vertiefung und
 zur eigenen Weiterarbeit
⇨ Fragen, Anregungen, Zitate

TIPP 1:

Machen Sie eine Bestandsaufnahme!

? Welche Voraussetzungen sollte ich für ein missionarisches Gespräch mitbringen?

! **innere Haltung:** Ich rede über meinen Glauben an Jesus Christus, weil er selbst mich dazu beauftragt hat (Mt 28, 19-20; Apg 1, 8).

! **Motiv:** Nicht weil ich zum missionarischen Gespräch gezwungen werde oder mich selbst dazu anhalten müsste, sondern »dazu drängt uns die Liebe Christi« (2. Kor 5, 14).

! **Gebet:** Wenn das Gespräch vorher abzusehen ist, kann ich es betend vorbereiten (danken für die kommende Möglichkeit, bitten um Gottes Geistes-Gegenwart, bitten für meine(n) Gesprächspartner).

! **Offenheit** für den/die Menschen, mit dem/denen ich rede: Ich muss kein bestimmtes Pensum durchpauken, sondern kann auf Probleme und offene Fragen eingehen.

! **Geduld** ist notwendig, um mich von dem Druck zu befreien, gleich im ersten Gespräch müsse sich mein Gesprächspartner bekehren.

! **Bibelwissen** in einem gesunden Maß erspart viel Zeit und Peinlichkeit (also zumindest Kenntnis der biblischen Grundwahrheiten; s. TIPP 6).

! **Sachwissen** über die heutige Zeit, über Gesellschaft und Lebensbedingungen zeigt meinem(n) Gesprächspartner(n), dass christlicher Glaube nichts mit Hinterwäldlern zu tun hat; es hilft außerdem, weil oft Lebens- und Glaubensfragen ineinandergreifen.

! **Glaubwürdiges Leben,** d. h. Christ-Sein in allen Bereichen des Alltags, und nicht nur vom Glauben reden (Jak 1, 22).

✎ Apg 4, 1-31; 2. Kor 5, 11-21

⇨ Nachdem ich meine Bestandsaufnahme durchgeführt habe: An welchen Stellen kann ich mich von Gott korrigieren und zurüsten lassen?

Was kann ich anhand der genannten Bibelstellen von Petrus und Johannes bzw. von Paulus lernen?

TIPP 2:

Machen Sie sich Hindernisse bewusst!

? Was könnte mich schon im Vorfeld davon abhalten, ein Gespräch über meinen Glauben zu beginnen?

! **persönliche Schwächen:** Hochmut, Überlegenheit, Minderwertigkeitsgefühle, Schüchternheit, Bequemlichkeit, Unfreundlichkeit, Jähzorn, Ungeduld, Gereiztheit, Unaufrichtigkeit, Neid.

_____

(Nichtzutreffendes streichen, Fehlendes ergänzen)

! **gesellschaftliche Situation:**
   – Stehe ich mit beiden Beinen in der Welt (ohne mich ihr gleichzustellen), oder habe ich mich weitgehend von ihr gelöst?
   – Besteht mein Bekanntenkreis fast nur aus Christen, oder habe ich einen »guten Draht« zu Nichtchristen?

- Betrachte ich meine Nachbarn als »notwendiges Übel«, oder suche ich menschlichen Kontakt mit ihnen?
- Schirme ich mich an meinem Arbeitsplatz gegen Angriffe gegen meinen Glauben ab, indem ich ihn verschweige, oder bekenne ich meinen Namensgeber Christus auch gegen Spott und Geschwätz?

(Welchem Teil der Fragen können Sie zustimmen, welchem nicht?)

! geistliche Hindernisse:
- Ich bin mir meiner Errettung durch Jesus Christus nicht gewiss;
- Ich habe keine Lust, mit anderen über Jesus zu sprechen;
- Ich bin mutlos, weil ich noch nie einen Menschen zum Glauben führen konnte;
- Ich bin enttäuscht, weil man mich wegen meines Glaubens ausgelacht hat;
- »Ich bin von jeher nicht beredt gewesen« (2. Mose 4, 10)
- _____

(Nichtzutreffendes streichen, Fehlendes ergänzen)

✎ Jer 1, 4-9; Lk 9, 57-62; Joh 6, 66-69

⇨ Wodurch kann und will Gott meine Hinderungsgründe entkräften? Was setzt er dagegen?

»Es gibt in der Wüste nur ein Verbrechen, das schlimmer ist als Raub und Mord: Zu wissen, wo Wasser ist, und es nicht zu sagen« (eine Missionarin).

TIPP 3:

Räumen Sie Missverständnisse aus dem Weg!

?   Welche **Gefahren** drohen das missionarische Gespräch zu (zer)stören? (Welche Warnsignale sind zu beachten?)

!   **Streitgespräche** sind zu vermeiden, denn: Je heißer die Köpfe, desto kälter werden die Herzen!

!   **Rechthaberei** kennt zwar meist einen Gewinner, doch die Frage ist, ob er dann den Verlierer für Christus gewinnen kann?

!   **(Vor)urteile** haben den Nachteil, dass sie ein Gespräch beenden, bevor es begonnen hat, auch wenn es der Form oder der Höflichkeit halber noch geführt wird.

!   **Überheblichkeit** erweckt den Eindruck, der Gesprächspartner befinde sich in einer Nachhilfestunde.

!   **Predigten** gehören in der Regel in den Gottesdienst bzw. in die evangelistische Veranstaltung, die zum Zeitpunkt des Gesprächs bereits vorüber ist; angebracht sind eher knappe, aber präzise Beiträge, Anstöße, auch die Kunst des Zuhörens!

!   **Krampfhaft** wirkt das Bemühen, den anderen vom Glauben überzeugen zu müssen; es reicht völlig, Christus und seine lebensverändernde Kraft zu bezeugen.

✎ Mt 5, 13-16; Mt 7, 1-5; Mt 10, 16-20

⇨ Wichtig während des Gesprächs: Nicht nur auf Worte und Gesten des Gegenübers achten, sondern auch auf mich blicken: Wann rede ich mich heiß, wann beharre ich auf meinem Standpunkt, wie lange/ wie oft rede ich? Lasse ich den anderen ausreden?

Bin ich mir während des Gesprächs bewusst, dass Jesus Christus gegenwärtig ist, dass er mich durch seinen Geist leitet? Stehe ich in einer stillen Gebetsverbindung mit ihm?

TIPP 4:

Lernen Sie aus biblischen Beispielen!

? Brauche ich zusätzliche Hilfsmittel bzw. eine besondere Ausbildung, um ein missionarisches Gespräch führen zu können?

Es ist weder verkehrt noch nutzlos, sich mit geeigneten Mitteln auf ein solches Gespräch vorzubereiten, denn man unterhält sich schließlich nicht übers Wetter. Ein intensiver Blick in die Bibel lässt mich entdecken, dass Jesus mich auch beim missionarischen Gespräch in seine Schule nimmt. Ein Beispiel: Der Bericht von seiner Begegnung mit der Samariterin am Jakobsbrunnen (Joh 4, 4-29). Daraus lassen sich einige praktische Grundsätze für jedes missionarische Gespräch ableiten:

! Lassen Sie Ihren Zeitplan von Gott bestimmen!
»Jesus *musste* durch Samaria reisen« (V. 4), weil ein
Mensch dort auf ihn wartete. Sie können – auch wenn
Sie das missionarische Gespräch suchen – nicht mit
jedem jederzeit über alles sprechen. Es gibt günstige
und ungünstige Zeiten, passende und unpassende
Augenblicke. Vertrauen Sie aber auch darauf, dass
Gott Ihre(n) Gesprächspartner vorbereitet hat, so wie
Sie sich im Gebet darauf eingestellt haben.

! Lassen Sie sich von Hindernissen nicht schrecken!
»Jesus musste durch *Samaria* reisen« (V. 4) – jeder
Jude hätte große Umwege in Kauf genommen! –, damit es zum Gespräch kam: in der Mittagshitze, trotz
Müdigkeit, Hunger und Durst. Ausreden fänden sich
genug, ein missionarisches Gespräch nicht zu führen,
aber: Es ist Gottes Augenblick.

! Scheuen Sie nicht die menschliche Nähe!
Jesus wird vorgeworfen: »Der ist ja ein Freund der
Zöllner und Sünder!« Seine Antwort war: »Ich bin
gekommen, um Sünder zur Umkehr zu rufen und
nicht die Gerechten« (siehe Mt 9, 10-13).

**! Beginnen Sie das missionarische Gespräch mit
dem, was den anderen am meisten interessiert!**
»Da kam eine Frau aus Samarien, um Wasser zu
schöpfen. Jesus sagte zu ihr: Gib mir zu trinken!«
(V. 7). Das war der Anknüpfungspunkt. – Seien Sie
offen für das, was den anderen beschäftigt, sei es eine
Verständnisfrage zur Sendung, ein Gedankenanstoß
aus dem Programm, eine persönliche Frage, die gar
nichts mit dem Gehörten zu tun hat.

!   Wecken Sie Interesse für die Gute Nachricht von Jesus!

Jesus weckt das Interesse und die Neugier der Samariterin, er kann ihr »lebendiges Wasser« geben. Daraus ergibt sich ein ernsthaftes Gespräch, und Jesus kann ihr sein Angebot deutlich sagen: »... eine Quelle, deren Wasser bis ins ewige Leben quillt« (V. 14). – Für Sie ergibt sich die Möglichkeit, Ihre persönlichen Erfahrungen mit Jesus zum Gegenstand des Interesses zu machen, etwa mit der Feststellung: »Ich freue mich auf eine wunderschöne Zukunft.«

!   Sprechen Sie vom Angebot Jesu!

Werden Sie sich zunächst selbst darüber klar: »Was habe ich in Jesus?«! Dann können Sie im Gespräch das Angebot Jesu um so leichter deutlich machen: Er vergibt Sünde; er befreit von Gebundenheiten und Zwängen; er schenkt Frieden, der unser Denken übersteigt; er gibt Freude, die Bestand hat; er verändert den Charakter; er wandelt Egoismus in selbstlose Liebe; er führt durchs Leben auf ein Ziel hin: die Gemeinschaft mit Gott für Zeit und Ewigkeit.

!   Klammern Sie die Sünde nicht aus!

»Jesus sagte der Frau: Geh und ruf deinen Mann und komm wieder her!« (V. 16). Er legte seinen Finger auf die wunden Stellen in ihrem Leben, nicht um darin zu wühlen, sondern um sie durch seine Vergebung zu heilen. – Was kann Ihnen helfen, über den oder die wunden Punkte im Leben des anderen zu sprechen?

Einmal: Teilen Sie Ihre eigenen Erfahrungen mit, wie Sie als Christ mit der Sünde und den Sünden umgehen, vor allem, wie Jesus Ihnen vergibt!

Dann: Seien Sie nicht entsetzt über das, was Ihnen berichtet wird, sondern zeigen Sie Verständnis!

Und: Zeigen Sie dem anderen den Weg, der ihm helfen kann: die Vergebung durch das Opfer Jesu Christi!

»Zeige deine Narben, und der andere wird Mut bekommen, über seine Wunden zu sprechen.«

! **Bleiben Sie beim Wesentlichen!**
Lassen Sie sich nicht von zweitrangigen Fragen ablenken. Führen Sie das Gespräch konzentriert, d. h. auf Jesus ausgerichtet. Und weichen Sie dem Punkt nicht aus, Ihren Gesprächspartner mit Jesus und seinem Angebot zu konfrontieren, es sei denn, der andere hat noch offene Fragen. Er sollte nicht zur Entscheidung gedrängt werden. Beenden Sie lieber das Gespräch, wo es sinnvoll ist, und vereinbaren Sie eine Fortsetzung. Ansonsten steht dem nichts im Wege, dass »Freude im Himmel (und auch bei Ihnen) ist über einen Sünder«, der den Weg zum Leben findet (Lk 15, 7).

✎ Joh 3, 1-21: Apg 8, 26-40

⇨ Versuchen Sie – am besten mit einem anderen Christen zusammen –, ein missionarisches Gespräch zu beginnen und in dessen Verlauf das anzuwenden, was Sie vom Gespräch Jesu gelernt haben. Wechseln Sie nach einiger Zeit die Rollen. Tauschen Sie sich anschließend darüber aus, wo der andere es gut gemacht hat und wo es noch besser werden könnte.

TIPP 5:

Reden Sie verständlich!

?   Kann ich mich so ausdrücken, dass der andere auch ohne christliches Vorwissen meine Ausdrucksweise versteht?

!   Schreiben Sie in der linken Spalte auf, wie Sie zum Glauben an Jesus Christus gekommen sind. Lesen Sie das Geschriebene möglichst mit einem anderen Christen zusammen durch und fragen Sie: Was ist für einen Nichtchristen schwer zu verstehen? Was kann ich besser formulieren? – Tragen Sie in der rechten Spalte die Verbesserungen ein.

! Übersetzen Sie biblische Begriffe in die allgemein ver-
ständliche Alltagssprache: Stellen Sie sich dabei einen
Menschen vor, den Sie kennen und der dem Glauben
gleichgültig gegenübersteht.

GLAUBE =

_____

_____

LIEBE =

_____

_____

SÜNDE =

_____

_____

GNADE =

_____

_____

ERLÖSUNG =

_____

_____

HEIL =

_____

_____

EWIGKEIT =

_____

_____

NACHFOLGE =

_____

_____

GEMEINSCHAFT =

_____

_____

!   Formulieren Sie in drei kurzen Sätzen, warum Sie an Jesus Christus glauben. Prüfen Sie das Geschriebene mit den Augen und Ohren eines Nichtchristen. Versuchen Sie, es gegebenenfalls verständlicher zu sagen.

✎   Mt 13; Apg 17, 16-34

⇨   Was kann ich lernen von der Rede des Paulus auf dem Areopag in Athen?
Welchen Zweck hat die bildhafte Rede, wie wir sie von Jesus in seinen Gleichnissen kennen?

TIPP 6:

Reden Sie fundiert!

? Weiß ich, wovon ich rede? Kenne ich den Inhalt des Evangeliums?

! Christlicher Glaube gründet weder auf Erfahrungen noch auf Gefühlen, er ist kein ideologisches System und baut nicht auf auswendiggelernten Lehrsätzen; er beruht auf den Aussagen der Bibel, in der der lebendige Gott sich vorstellt. Seine liebevolle Zuwendung, seine Geschichte mit der Welt und den Menschen sind darin aufgezeichnet. Folgende Grundwahrheiten sind für das missionarische Gespräch notwendig zu wissen:

Grundwahrheit	Bibeltext	Kernvers
Ich bin ein Geschöpf Gottes	Ps 139	13+14
Die Beziehung zu Gott ist zerbrochen	Röm 1, 18-32	21
Meine Schuld hat Folgen	Röm 2, 1-10	8
Gott liebt mich trotz meiner Fehler	Joh 3, 16-21	16
Jesus trug meine Schuld	Röm 3, 23-26	24
Ich darf um Vergebung bitten	1. Joh 1, 9	1, 9
Ich darf neu anfangen	2. Kor 5, 17-21	17
Ich weiß, dass ich zu Gott gehöre	Röm 8, 31-39	39
Gott schenkt mir seinen Geist	Röm 8, 10-17	15
Gott schenkt mir ewiges Leben	1. Kor 15, 12-22	20
Ich kann nicht aus eigener Kraft mit Jesus leben	Joh 15, 1-8	5
Mein Glaube wächst durch Gehorsam	Joh 15, 9-17	10
Zum Christsein gehört Gemeinschaft	Hebr 10, 19-25	25

! Nehmen Sie sich Zeit, die Bibelstellen durchzulesen und die Kernverse im Lauf der nächsten Tage auswendig zu lernen.

✎ Ps 119, 1-9.105.162; 2. Tim 3, 14-17

⇨ »Zeuge Christi sein heißt: sich auf das berufen, was geschrieben steht.«

TIPP 7:

Gehen Sie gemeinsam weiter!

? Was soll weiter geschehen, wenn Interesse am Glauben geweckt oder ein Anfang im Glauben gewagt wird?

! Lassen Sie das Gespräch mit Ihrem Gesprächspartner nicht abreißen.

! Seien Sie bereit, den anderen in seinem für ihn völlig neuen Lebensabschnitt zu begleiten. Helfen Sie ihm, sich darin zurechtzufinden, das »Neuland« zu entdecken und einzunehmen.

! Sprechen Sie über das tägliche Lesen in der Bibel: Daraus erwächst ein tragfähiges Fundament für den jungen Glauben!

! Zeigen Sie ihm, wie er beten kann: Wer betet, rechnet mit Gottes verändernder Kraft in seinem Leben!

! Nehmen Sie ihn mit in eine Gemeinschaft von Christen, in der er Geborgenheit und eine geistliche Heimat findet!

! Machen Sie ihm an Ihrem eigenen Leben deutlich, dass es sich segensreich auswirkt, wenn er sein Leben in allen Bereichen Gott anvertraut und unterstellt.

✎ Apg 9

LITERATUR

A. Bender, Uri A.: Persönliches abgeben. Gießen 1978

Büchsel, F.: Theologie des Neuen Testamentes. Gütersloh 1950

Cullmann, O.: Urchristentum und Gottesdienst. Zürich 1950

Feine, DDRP: Theologie des Neuen Testamentes. Leipzig 1922

Grass, H.: Ostergeschichten und Osterberichte. Göttingen 1956

Grundmann, W.: Zeugnis und Gestalt des Joh.- Evangeliums. Stuttgart 1961

Grundmann, W.: Kerygman und Dogna, 6. Jahrgang. Verständnis und Bewegung des Glaubens im Johannes-Evangelium. Göttingen 1960

Kittel, G.: Theologisches Wörterbuch zum Neuen Testament

Little, Paul: Weitersagen, Zeugnisgeben – wie macht man das? ABC-Verlag

Michaelis, W.: Einleitung in das Neue Testament. Bern 1954

Müller, Th.: Heilsgeschehen im Johannes Evangelium

Scherer, Kurt: Krisen – Reifezeiten des Lebens. Hänssler Verlag, Holzgerlingen

Scherer, Kurt: Zuerst geliebt. Verlag Johannis

Schlatter, DA: Der Glaube im Neuen Testament. Stuttgart 1927

Schumann, Wolfgang: Vom Glauben reden. Missionarische Dienste 115; Stuttgart 1983

Strathmann, H.: NTD, Bd 2. Göttingen 1959

Strauch, Diethelm: Tips für ein missionarisches Leben.
o.O., o.J.
Wenz, H.: Theologische Zeitschrift, 17. Jahrgang. Sehen
und Glauben bei Johannes. Basel 1961

hänssler

Weitere Bücher von Kurt Scherer

Kurt Scherer

Wenn die Seele nicht mehr singt

Pb., 200 S., Nr. 392.453
ISBN 3-7751-2453-5

Für Seelsorger und Betroffene: Ein praktischer Ratgeber
bei Depressionen, Problemen mit Medikamenten, beim
Umgang mit Leid, für Krankenbesuche ... und Berichte
von Menschen, die aus schwierigen Lebenssituationen herausgefunden haben.

Aus dem Inhalt:
• Kennzeichen und Formen von Depressionen • Hand-
auflegen • Fasten • Krankenbesuche • Umgang mit Leid •
Psychologie und Seelsorge

Bitte fragen Sie in Ihrer Buchhandlung nach diesem Buch!
Oder schreiben Sie an den Hänssler Verlag, D-71087 Holzgerlingen.

hänssler

Vergebung — Das zentrale Problem
Bitterkeit überwinden — Innere Heilung

Pb., 132 S., Nr. 55.373
ISBN 3-7751-0766-5

Immer wieder aufwallender Ärger gegenüber einem bestimmten Menschen oder nagende Bitterkeit über das, was der (oder die) mit angetan hat — kennen Sie das auch? Praktisch und seelsorgerlich hilfreich geht Kurt Scherer auf dieses Grundproblem ein. Lesen Sie, wie an der Praxis orientierte und biblisch fundierte Lösungen zu einem befreiten Leben führen!

Bitte fragen Sie in Ihrer Buchhandlung nach diesem Buch! Oder schreiben Sie an den Hänssler Verlag, D-71087 Holzgerlingen.

Soziologie, Ethnologie, Anthropologie
in der edition suhrkamp

Soziologie, Ethnologie, Anthropologie
in der edition suhrkamp

305/5/2.92

Soziologie, Ethnologie, Anthropologie
in der edition suhrkamp

305/6/2.92